川村明子

# 日曜日はプーレ・ロティ

ちょっと
不便で豊かな
フランスの食暮らし

CCCメディアハウス

OPINEL
OPINEL

Bar LA FAYETTE
LA FRUITIÈRE
PRODUIT DU MAROC
CATÉGORIE
O.C.E.
LA FRUITIÈRE
PRODUIT DU MAROC
O.C.E.

出始めたりんごときのこに、マルシェで秋を感じる。

フランス北部の街、アミアンの大ブロカント市。古ぼけた木箱も売っている。

冬の朝ごはんでお気に入りの明太子とアンディーブのグラタン。

郊外の農家がパリ市内に持つ店舗で売っている、窯で焼いたパン。

nos Pains
de table
Pur Levain : la miche 5.50 (840g)
la michette 3.80 (500g)
le seigle 8.50/kg
le seigle noix 10/kg
l'épeautre 5,20 (520g)
le complet 3,80
le miel noix 10 /kg
le Pumpernickel 10/kg
levure le campagne grand
le graines

見学に訪れたバター製造社の工場。型抜きはなんと手作業だった。

まさに食べごろのカマンベール。

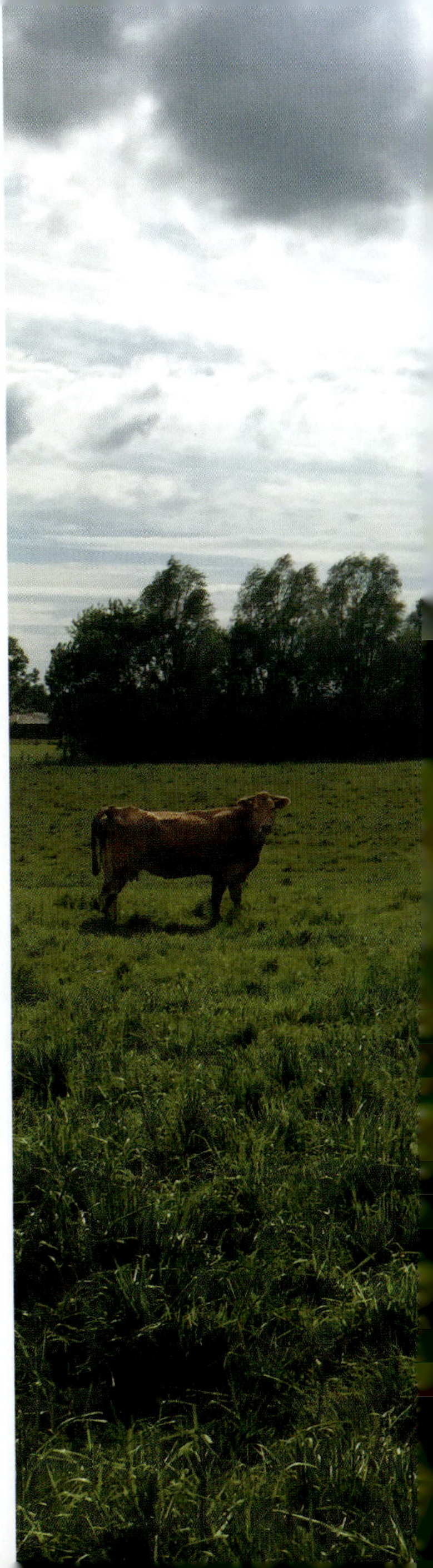

サラダ・ニソワーズ。本物のニース風サラダとは……？

# 日曜日はプーレ・ロティ

ちょっと不便で豊かなフランスの食暮らし

川村明子

# はじめに

「パリの何が好きなの？」

と、聞かれると、

「ちょっと不便なのが良いんだよねぇ」

いつしか決まってそう答えるようになった。


高校時代には「チーズ蒸しパン」が流行り、通学の途中に駅で降りるとまず踏切脇のコンビニでチーズ蒸しパンを買って、学校に着いたら烏龍茶とともに朝ごはん。


大学の正門前にもコンビニがあって、鶏の唐揚げが大好きな私は、放課後に立ち寄っては、レジ横の唐揚げを買い、駅に向かいながらよく食べていた。

コピーをとるのもコンビニだったし、学生時代はほぼ毎日行く場所だった。

それが、大学の卒業式を終え、その1週間後に渡ったフランスには、コンビニがなかった。

暮らし始めたフランスの地方都市では、24時間開いている店はおろか日曜にはすべての商店が閉まり、買い物は平日にする必要があった。

サラダとパンで食事を済ませることも多かった寮生活で、気に入るドレッシングが1本でも見つかればよかったのだが、市販のドレッシングは種類がとても少なく、買いたいと思うものがない。それで、いつもオリーブオイルとレモン、塩、胡椒で味付けをした。

もうちょっと、異なる味のドレッシングがあればなぁと思いながら。

フランスって、無いものだらけだよ。

あっても1種類とか2種類。工夫が無い。

そう、感じていた。至るところで、至らないのだ。

でも、無いものは仕方がない。自分で工夫をするようになった。

すると、思いがけず、楽しい発見がいくつもあった。

かつての自分の消費活動には、あらゆる面においてプロセスが無いことに気づいた。

工夫しながらプロセスをつくり出す生活を始めたら、完璧なまでにつくり上げられたものを手に入れるだけでは、物足りなくなってしまった。


自分でつくるのだから、自分好みのものになっていく。

そう考えると、まず最初に手に取る素材から大事になる。

加工品には至らなさを感じることの多いフランスは、原材料である農産物となると豊富な国だ。

たとえば、ひとつの野菜にも知らない品種がいくつもある。それぞれの違いがわからなければ、選ぶにも選べない。だから、売っている人に話を聞く。

売っている人がつくっている人ならば、その話には風景と季節のストーリーがついてくる。


そんなひとつひとつのプロセスには、少しずつ時間を要する。

そうして何かに〝時間をかける〟ことは、〝時間がかかる〟と必ずしもイコールではない。

時間をかけることで、逆に、自由を生む余白を得られることがある。


フランス語の音の響きに強く惹かれて、家庭料理を学びたくて、渡ったフランスには、日本の生活と比べると格段に〝便利〟が欠けていた。

その生活に慣れて、いつしか便利ではないことの楽しみを覚えた。


ちょっとした不便。

幼い頃から食卓にいる時間が大好きだった私は、フランスの食生活で、その〝ちょっとした不便〟に潜む豊かさを知った。

それは、いつでもすべてが揃っているわけではなく、生産物はどれもが計算され尽くしたおいしさと姿かたちを常に備えているわけでもない。毎日の食卓にのぼるパンをパン屋で買うにしたって対面販売で、買い手は注文しないといけない。

そこには、ほんのちょっとした、人とのコミュニケーションがあり、省くことのできる時間があり、ままならない自然の摂理・季節までもがあった。

スマホが生活の必需品になって、便利さが溢れて、いろいろなことがスムーズになったはずなのに、確実に以前よりも忙しさを感じる今日この頃。

ちょっと不便で、不揃いで、至るところで至らない……、でもだからこそ、自分なりの楽しさを工夫できる余白がある、パリの暮らし。

都会で生活しながら〝便利〟と少し距離をおいた、パリのおいしい暮らしの話を書きました。

目次

# 1

# 日曜日はプーレ・ロティ

フランスに渡ってから驚いたことのひとつに、離れて暮らしている家族との電話が多い、ということがある。いまはＳＮＳも使われるが、いずれにしろ家族間の連絡が緊密だ。

はじめにそう感じたのは、ホームステイをしていたときだった。マダムが電話で話し込んでいるなぁと思うと、相手はたいてい離れたところで暮らしているお嬢さんか息子さん。いったい週に何度話すんだ？　と思うほど頻繁に電話をかけ合い、そのうえしょっちゅうどちらかがごはんを食べに来る。私も幾度となく、お嬢さん家族（子供も、ご主人も共にやって来る）や息子さんと顔を合わせた。

その頃は、ここの家族は特別仲が良いのだな、と思っていた。

どうやらこの家族が特例ではないらしい、と気づいたのは数年経ってからだ。周りを見渡すと、たいてい家族間のコミュニケーションが活発だ。

パリジェンヌの友人と食事をするたびに「あ、パパからメッセージだ」とつぶやくのを耳にする。「いま、装飾美術館でやっているエクスポを一緒に観に行こうって言ってるんだよね」などと、日頃から楽しみを共有していることが見受けられる。

電話をしたりメッセージを送り合うだけではなくて、ごはんを共にする機会もやはり多い。

フランスにおけるひとつの習わしなのだろう、家族が集まってごはんを食べる日は何とはなしに決まっていて、日曜日のお昼ごはんがそれにあたる。両親の家に集合する場合もあるし、兄弟姉妹の誰かの家ということもある。

いずれにしても、日曜のお昼ごはんは、家族で共にするのが定番だ。

ところが、フランスではほとんどの店が日曜日には閉まっている。

商店街だと、食品を扱う店が午前中だけ開いている場合もあるが、午後は休み。スーパーも日曜の午前中だけオープンしているところをちらほら見かけるものの、大半は終日閉めている。

商店だけでなく、レストランも大方が日曜は定休日だ。レストランは週休2日が一般的で、シェフやスタッフが自分の家族と週末を一緒に過ごすために、子供たちの学校が休みの日に合わせて土・日曜日に店を閉める、もしくは食材の流通がない月曜の営業を避けて、日・月曜日を休みにすることが多い。最近は、週末にも営業する店が少しずつ増えてきたが、その場合、平日に2日間の定休日がある。

2016年の夏から徐々に、パリのデパートは日曜日も営業するようになった。ではそれで、待ってましたとばかりに人々が日曜日に買い物に出かけるようになったかといえばそういったことはなく、店内はどちらかというと人影がまばらだ。現地の人にとってよりも、観光客に需要がある印象を受ける。

フランス人にとって日曜日は「休みの日」。人も、店も、休みをとる。レストランはほとんど開いていない。だから、家で食事をすることになる。そんなに日常的に集まるとなると、ごはんの用意が大変じゃないだろうか？と思われるかもしれない。でも、フランスの家庭では、普段のごはんにそれほど大袈裟なことをしない。そして実は、日曜のお昼には定番メニューがある。

何かといえば、プーレ・ロティだ。

プーレ・ロティとは、ローストチキンのこと。マルシェでくるくる回っている、あれだ。

フランスのマルシェには家禽類の食肉専門店が出店しており、スタンドの端に置かれた大人の背丈ほどもある大きなロースターで、一羽丸ごとの鶏が太い串に刺されたくさん焼かれている。鶏肉の脂がしたたり落ちる下には、わりと小さめのジャガイモがごろごろと転がり、こちらも同時進行で揚げ焼き状態だ。

街中の精肉店も、軒先にロースターを出しているところが少なくない。ロースターの大きさは、店の規模に比例して大きかったり小さかったりする。不思議なもので、大きなロースターにたくさん連なって焼かれているのを見ると、ダイナミックでおいしそうだなぁと思うし、小さなロースターでゆっくりと鶏肉が回転しているのを見ると、なんだかとても丁寧に焼かれていて質が良さそうな気がしてくる。どちらにせよ、日本では目にすることのない光景が、買って食べてみたいと思わせる。

基本的に「休み」の日曜に唯一、活気を帯びる場所がマルシェである。

パリでも、地方でも、フランスでは通りや広場に週に2〜3度、青空市が立つ。火曜と金曜など平日のみのところもあるが、大通りや広場に出る市場は、平日に1~2度、そして週末にも、土曜か日曜のどちらかに立つ。朝は7時くらいから、魚、肉、野菜、チーズ、フランスらしいものではエスカルゴや、オリーブの専門店、寒くなってくると生牡蠣など多岐にわたる食材店がスタンドを出し、昼過ぎまで賑わう。初めて訪れる町でも、マルシェがあればたくさんの野菜や花を詰めたカートを引いて帰る人を見かけるから、地図を見なくてもマルシェに辿りつくことができるくらい。

13時を過ぎる頃には各店とも片付けはじめ、14時を回ると陳列台は跡形もなく消える。残るのは搬入に使われた野菜や果物の空き箱と、市が撤収しに来るスタンドの枠組みにテントだけだ。

日曜の午前中にマルシェへ出かければ、家禽類専門店のスタンドには2つの列ができている。生肉を買う人たちの列と、プーレ・ロティを買う人たちの列だ。この2列はどこでも自然に分かれていて、ローストだけを買うつもりならそちらに並べばいい。

毎週目にする光景にもかかわらず、この列に加わるときは、お祭りの屋台に並ぶような、もしくは家族の誕生日のために予約注文していたケーキを受け取りに行くときのような、少しうわずったワクワクした気持ちになる。

プーレ・ロティは、もし焼きたてを買うことができて十分に温かかったら、そのまま器に盛りテーブルへ。すでに焼きあがっていたものを買い、冷めてしまっていたら、オーブンで温め直す。もちろんポテトもいっしょに。チキンを入れてくれる袋は、紙袋だけれどコーティングされていて意外に保温性が高く、近所で買えば温かいまま持ち帰ることができる。

友人のご主人は、プーレ・ロティを買う店にこだわりがあり、〝今日のお昼はプーレ・ロティ〟と決めた日は、必ずその店まで買いに行くそうだ。精肉店の軒先でゆっくり回っている鶏肉はどれも同じように見えるけれど、やはりそこは、子供のころから慣れ親しんだ味を求めるのだろう。

フランス語にはリチュエルという〝しきたり〟や〝慣例〟を意味する言葉がある。たとえば、子供たちには夜寝る前に読み聞かせをする、契約書には同じペンでサインをする……、そういった個人的な習慣もリチュエルだ。日本で言うなら、お中元やお歳暮も〝リチュエル〟になるだろう。日曜に家族で食べるプーレ・ロティも、そんな〝お決まり〟のひとつに数えられる。週明けにフランスの友人たちと集まっているときに「週末は何を食べた?」という話になって、「うちはプーレ・ロティ」「僕もそういえばそうだ」などと、そこにいるみんながプーレ・ロティを食べていた（！）こともあるくらい、日曜といえばプーレ・ロティなのだ。

このプーレ・ロティ、気に入った店で買うばかりでなく、鶏を一羽買ってきて家のオーブンで焼くことも多い。一族みんなで集まったり、友人家族を招いたら、各家〝お決まり〟の味付けで用意する。鶏の内側にタイムを枝ごと束ねて詰めたり、ニンニクを粒のままいくつか入れたり、表面にエルブ・ド・プロヴァンス（ミックスハーブ）をすり込むなど、家庭それぞれのやり方があって、面白い。夫婦揃って料理人の友人宅に招かれたある日曜には、ローズマリーとニンニクをしっかり効かせたプーレ・ロティを、一緒に焼いたノワールムティエ産のジャガイモと出してくれた。ノワールムティエは、ブルターニュより少し南にある大西洋岸の島で、塩分を含んだ土地で育てられたジャガイモが名産だ。甘みがあり、土中に散らばっているミネラルをぎゅっとしまい込んだような、小粒でも存在感のあるジャガイモで、チキンと合わせれば、これ以上ないご馳走になる。

フランスはフォークとナイフを使う食文化だから、鶏を一羽丸ごと購入することはごく一般的だ。大型スーパーでも精肉店でも鶏肉を扱う店なら、どこでも売っている。マルシェに出る家禽類の食肉専門店では、鶏肉をはじめ、鴨、ほろほろ鳥、七面鳥、うずら、うさぎなども買うことができる。ジビエの季節になって、山うずらや野うさぎなど毛をつけたままの野禽類がずらっと並ぶのはこのような専門店だ。牛肉に豚肉、それに仔羊肉を扱う一般的な精肉店でも、部位ごとに切り分けていない丸ごとの鶏を売っているが、家禽専門店の方がブランドや産地の種類は多い。

鶏を買うのに jaune（黄色い身）か blanc（白い身）かと初めて聞かれたときには驚いた。卵に、茶色い殻と白い殻のものがあるように、鶏肉にも、黄色みがかった身と白い身のものが並んでいる。こうした家禽専門店であれば、プーレ・ロティは必ず売っていて、丸ごとをローストしたもののほかに、骨つきのモモ肉を焼いているところも多い。味付けも、シンプルな塩味のタイプと、もうひとつ、スパイスをまぶして少し赤みを帯びたタイプ、この2つを用意しているのもよく見かける。

私のプーレ・ロティ初体験はホームステイ先だった。その食事は、とても記憶に残っている。

前菜を食べ終わったあと、マダムが、楕円形の耐熱ガラスのグラタン皿で焼いたチキンを器ごとテーブルの上に出し、いとも簡単に小さなナイフでさばき始めた。その光景は、かなり衝撃的だった。ひょいと足先をつかんであっという間にモモ肉1本を切り離す。丸ごと鶏一羽を焼くことまではイメージできても、これほど簡単にさばくとは想像していなかった。私の母は荒巻鮭一本をおろすが、そんな主婦は数少ないと思っていたし、日本では魚だって切り身で買うのが主流だ。呆気に取られる私に投げかけられたのが「明子はどこにする？モモ？　それともムネ肉？」。生まれて初めての質問だった。鶏一羽を前にしてモモとムネどっち？　って……とどぎまぎしながら、手羽を指差した。その頃の私はまだ、手羽というフランス語を知らなかった。でもいちばん好きなのは手羽肉で、そして誰も選んでいなかった。一羽丸ごとから解体しているので、手羽といったら、手羽元、手羽中、手羽先全部が繋がったままの状態で皿によそわれる。自分の目の前にきた手羽を見つめ、〝食卓で、ごはんを食べながら、モモとムネ肉どっち？　ってそんな質問があるんだ……〟と心の中でひとりごちた。フライドチキンを買ってきて、〝こっちがいい〟とすでに切り分けられた中から好みの部位を選ぶこととは、明らかに違っていた。

たかがプーレ・ロティ。されどプーレ・ロティ。まさに〝カルチャーショック〟という言葉そのままに、私は少なからず打ちのめされた。魚を一匹食べることには慣れていても、一羽の鶏を目の前で解体しながらみんなで分けて食べ、最後は骨だけになる、その一連の流れをうまく消化できなかったのだ。おまけにホームステイ先は人数が多かったから、2羽用意されていた。まったくもっていつもの流れといった様子で鶏をさばいたマダムを見て、食文化も食生活も根本から異なる国で暮らし始めたことを実感した。

その後ホームステイをしている間にプーレ・ロティは何度も登場し、現金なもので、衝撃を受けた一連の流れにも慣れていった。それでもやはり、食べ終わった後に残った胴体をなす骨を見ると、〝食物としての鶏〟から〝生き物としての鶏〟というもうひとつの認識が頭にふっと湧くのだ。骨を手で掴み余すところなく肉を食べた後に、一瞬でじわっと広がる居心地の悪さ。生き物をいただいたことに感謝、などと頭で理解しているようにはうまく向き合うことができず、かといって割り切ることもできなくて、〝動物としての鶏〟の側面を見ないようにする心の動きが、丸ごと一羽のプーレ・ロティとともにしばらくの間、私の中に付いて回った。

フランス料理は、ひとり一皿ずつ盛り付けて出される印象が強いかもしれない。レストランではそうだけれど、家庭ではむしろその逆で、大皿で出されることがほとんど。大皿を順々に回し、自分の食べる分だけを取り分け、みんなでシェアする。

だから、そうして分けて食べる料理はいくつもあるのに、プーレ・ロティは、誰にとっても何かしら思い入れのあるちょっと特別な存在だ。

一羽の鶏を家族みんなで分け合って食べる、原始的とも思える食卓の光景は、単なる慣習にとどまらず、この国の食文化を象徴するひとつであることを、時を重ねるごとに強く感じている。

日曜日のプーレ・ロティがフランスの慣習のひとつと見て取れる理由に、週7日営業しているレストランのメニューがある。もし、曜日替わりの料理を設定していたら、日曜はかなりの確率でプーレ・ロティだ。

基本的には日曜は休みの日だが、最近では、プーレ・ロティとジャガイモだけのメニューで、日曜の昼に営業するようになったビストロや、日曜のブランチにイートインスペースでプーレ・ロティを提供する惣菜屋なども出てきた。

付け合わせは決まってジャガイモながら、ピュレ、フリット、ロースト、ソテーと店によってその料理法はさまざま。伝統的な一品としてプーレ・ロティを打ち出す店では、ピュレを合わせていることが多いようだ。子供向けにはフリットを添えているのもよく見かける。

日曜のお昼ごはんには、もうひとつリチュエルがある。

チーズにデザートも食べてすっかり寛いでいると、だいたいすでに4時近く。フランスの食事にはワインがつきものだから、メインを食べ終えたあとに、チーズを食べる頃、ワインをもう1本開けるなんてことは日常茶飯事。日曜のお昼となればなおさらで、時間をたっぷりかけ食事を存分に満喫すれば、身も心もすっかり緩む。そんなところから、誰からともなくもぞもぞしはじめて、みんなで散歩に出かける。

日曜のお昼の家族ごはん、そこからの散歩。これはもう、食後のカフェと同じくらい、お決まりの流れだ。

行きたい場所があるとか、何かを見に行くという目的はなく、ただただ家族みんなで散歩をする。蕾をつけた花を眺めたり、工事が始まっている店の前で立ち止まって「何になるのだろうねぇ」と話したり。日曜はたいていの店が閉まっているから、どこかに立ち寄って何かを買う、なんてこともなく、ただぷらぷら歩く。田舎ならば、草原をひたすら歩き、誰かの家の敷地に辿り着いたところで折り返す。旅先でもないのに、日々暮らしている場所で、目的なく歩くことを楽しむのだ。

そうした光景の中で、数人が足を止めショーウィンドーに見入っているところがある。

何かと思えば、不動産屋だ。パティスリー、あるいはチョコレート屋の軒先でも、吸い寄せられるようにガラス越しにスイーツを覗き込んでいる人たちを目にするが、不動産屋においては窓に貼られた住宅情報を見ようと少し目線が上を向いている。そんなに物件を探している人たちがいるものだろうか、と興味深く感じていた。

その不思議さが解けたのは、図らずもニューヨークだった。

10年来のパリジェンヌの友人がニューヨークで暮らし始め1年半ほど経った頃、私が出張でニューヨークを訪れる機会に恵まれた。先に述べた、ノワールムティエのポテトを添えたプーレ・ロティのランチを用意してくれた友人だ。現地に到着した翌朝、彼女がメニューやコンセプトをプロデュースし厨房で指揮を執るカフェで、はつらつとした表情の彼女と再会を果たした。

やはり古くからの友人である彼女のご主人が経営するレストランで、食事の約束をした夜。案内されたテーブルにつき、改めて「よかったね。このあいだすごく嬉しそうな顔してたよ」と伝えると、いきなり彼女が言い始めた。

「ここ（ニューヨーク）はいつも回ってるの。ずっとエンジンがかかったまま。パリはいいよ。日曜日は店がどこも閉まっていて、何もやっていなくて静かで。みんな休んでて、家族でごはんを食べて、何もしないで過ごして、それでリセットできる。でもここは、止まることがないの」

思ってもいなかった胸の内を聞き、日曜日はプーレ・ロティでそのあとは散歩がお決まりだよね、と私が言うと、

「そう！　プーレ・ロティを食べてお散歩。それだよ！」

と、彼女が恋しそうに声をあげた。

「でさ、不動産屋さんの前に立ち止まって、みんな住宅情報見てるんだよね。ショーウィンドーの前に人がたかってて中を覗き込んでいたら、パティスリーか不動産屋さんのどっちかだよ。パティスリーはわかるけれど、不動産屋さんは、面白いなぁと思う」

そう言った私に、

「たしかに！　みんな見てる」と笑ってから彼女は続けた。

「日曜日は、夢を見る日なんだよ。やっと1週間が終わって、家族で揃って過ごせる日。一緒にごはんを食べて、何もしないで時間をシェアする日。ごはんのあとは、目的もなくお散歩をして、こんなふうに過ごせる、こんな穏やかな人生が続くといいな〜って思いながら、不動産屋さんの住宅情報を見て、あれこれ想像して、夢見るんだよ」

年中無休で走り続けるニューヨークに暮らすパリジェンヌが、思いを馳せるフランスの日曜日。家族揃って食事をし、何もしないで過ごす1日を〝夢を見る日〟と彼女はたとえた。

そんな日曜日の、定番メニューが「プーレ・ロティ」。家族みんなでシェアする象徴的な料理であり、焼きあがったものさえ買ってくれれば、用意も後片付けもほとんどしなくていい、文字通り「休みの日」を実現するひと皿。馴染みの店で買うプーレ・ロティの味は、食卓の光景とともにおいしい原体験として記憶に刻まれるのだろう。

散歩の話から思いがけず、フランス人のプーレ・ロティへの思い入れが少し解った気がした。

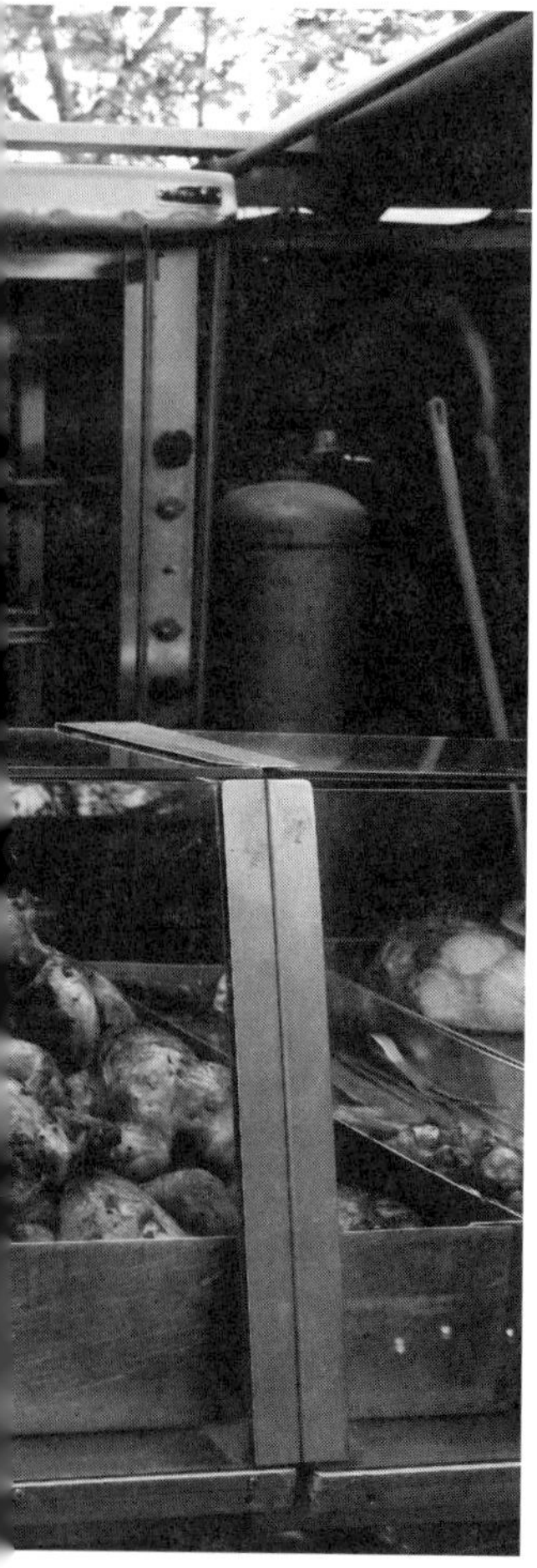

# 2

# 毎晩つくった
# ドレッシング

初めてパリを訪れたのは、大学3年の冬。

空港からタクシーに乗り、ホテルに向かう道すがら、コンコルド広場を通ったときに「私、ここに住む」と決めた。

住むと決めた、といっても当初の目的は留学で、もっとも強い思いは〝フランス語が話せるようになりたい！〟だった。同時に、中学生の頃から家で焼いていたお菓子を本場で学びたくて、それにフランスの家庭料理をとても知りたかった。

小学校に上がるまで一緒に暮らしていた祖母には「この子はいつも最初に（食卓に）座って、最後までいる」と言われていた。幼い頃から、食卓とごはんの時間が大好きだった。

大学4年の5月末。どの街に留学するかを決めるため2週間のフランス一人旅に出た。テニスのフレンチオープンがちょうど決勝戦を迎える緑の美しい季節だった。リヨンやモンペリエなど6都市を訪れて学校と寮を見学したのだが、結局どこにも決めかねて旅を終えた。

滞在先は決まらないまま、夏休みに入ると東京の語学学校で集中コースを受講した。渡仏を目的とした人たちが対象のクラスには、すでにフランスに1年間留学した経験のある人も来ていた。

そのクラスメートから、休み時間には現地生活の実体験を聞いた。毎日8時間フランス語の授業を受けている中で聞く、現地の話に、否が応でも想像は膨らんだ。

イメージを鮮明にしたのは、マルシェの話だ。彼女が滞在していたのは、パリからTGVで1時間ほどの街、トゥール。フランスでいちばん綺麗なフランス語を話すと言われる、古城巡りの拠点にもなる古都である。通った学校の近くには常設の市場があり、その前には週に2度青空市場も出るらしい。「フランスで何を食べた、ってさやいんげん。ジャガイモもよく出てくるけど、夏はともかくさやいんげん。野菜と言えばさやいんげんってくらい、もう本当に毎日毎日さやいんげんなの。マルシェで山盛りになって売っているのよ」

それでもう、トゥールに心は決まった。他の街に行っても同じような状況かもしれないけれど、臨場感をもって伝えられた「毎日さやいんげん」の生活に、一気に親近感が湧いたのだ。毎日さやいんげんってどんな風に出てきてどんなものと食べるのだろう？　と、日常の食卓を思い浮かべて心が躍った。

いよいよ街も決めて語学学校に入学の申請をする段になり、どうしても、料理が好きなマダムの家庭にホームステイしたいと思った。そのために、まずは寮に入ることにした。寮で暮らしながら学校で情報を集め、〝料理好きのマダム〟がいるステイ先を探そう、と考えたのだ。

そうして、大学の卒業式を終えた1週間後に、フランスへ旅立った。

寮には小さな共同キッチンがある、そして寮で出される食事はあまりおいしくないと聞いたので朝食だけ申し込んでいた。マグカップと、つゆを張る麺ものにも使うことのできる大きめのカフェオレ・ボウル、それに小さなナイフとパン切りナイフをまず買い、あとは備え付けの調理器具を使わせてもらって、日々何かしらつくって食べた。寮の夕食を申し込まなかったのは、私だけのようだった。いま振り返ると、〝寮の食事〟を体験しておくべきだった、フランスの食堂の味を知る貴重な機会を逃した、と残念に思う。けれど、その頃の私は、一年半ほどで帰国するつもりでいたし、フランスに滞在している間にできる限りおいしいものを発掘したい気持ちでいっぱいだった。

通い始めた語学学校で、「〝ごはんがおいしい！〟っていう、ホームステイ先の話を耳にしたら教えて！」と知り合った人たちに尋ねまわっていたら、２ヶ月が過ぎた頃、料理好きのマダムＢの情報が入ってきた。「ふつうにおいしいっていうくらいかもしれないけど、とにかくサラダがすごいんだよね」と、すでに訪れたことのある人たちから聞いて、気持ちが昂まった。さっそく、そのマダムＢのところにホームステイをしている日本人の学生を紹介してもらい、夕食の時間にお邪魔することになった。

マダムＢ家では、正方形に近い間取りのキッチンに大きな丸いテーブルが置かれていた。３人の学生と、上階の隣人宅にも間借りしている２人がおり、マダムＢが学生５人分のごはんをつくっていた。ホームステイをしているみんなとマダム、そこにムッシュも加わり、総勢７人で食卓を囲む。その日はひとり出かけていたのか、私も含めて７人だった。

まず始めに出てきたのは、冷製スープの代わりとして、メロンを半分に切りくぼみの中に赤ワインを注いだものだ。フランスのメロンは果肉がオレンジ色で直径は15センチほど。それほど大きくはないが、ダイナミックにメロンがひとりに半個出てきたことも、種を除いた窪みに赤ワインが注がれたことも、そして何よりも食事の最初にメロンが出されたことに、未知のフランスがやってきたと感じた。続いて大きなガラス製のサラダボウルがテーブルに置かれる。各自取り分け、みんながサラダをだいぶ食べた頃に、オーブンからローストポークが登場した。最近ではほとんど見かけなくなったが、当時はタコ糸の掛かったロースト用の豚の塊肉（1キロくらいの大きさ）の上にプルーンやアプリコットを一列に並べたものが、精肉店で売られていた。楕円形のガラス製耐熱皿の真ん中にプルーンの乗ったローストポーク、その周りをぐるっとさやいんげんが囲っている。お米も炊いてくれていた。バスマティ米だ。マダムB家には、ものすごくシンプルな、とても軽いアルミの蓋がついたケンウッド製の炊飯器があった。実際に、ホームステイをしてからもお米は頻繁に用意され、いつもバスマティ米だった。フランスでお米は野菜と見なされ、付け合わせのひとつになる。

フランス語もそんなに話せなかったから、おなかいっぱいでも「もうちょっと食べる？」と差し出されると断ることができず、息をするのがやっとというほど満腹になるまで食べた。

メインが終わると、今度は5種類のチーズを盛った皿がテーブルの真ん中に置かれた。この瞬間に、いちばん、自分の知らない食習慣だ、どう手をつけたらよいのかわからない、と戸惑ったことをよく覚えている。その中には、トゥーレーヌ地方でつくられる、棒状で木灰がまぶされたシェーヴル（ヤギ乳）のチーズ、サント＝モールもあった。ロゼワインのボトルもテーブルには出ていて、飲みたい人は各自グラスにそそぎ楽しんでいる。私はお酒が弱く遠慮したが、ステイしているイスラム圏の男性が嬉しそうにワインを飲んでいるのを目の当たりにして、こちらがどきどきしてしまった。豚肉を食べていたかどうかは覚えていないけれど、フランスの家庭に滞在していることを謳歌しているようだった。

みんながチーズをひと通り食べ終えたのを見計らってデザートが出された。市販のチョコレートムースに加えて、ヨーグルトは無糖のプレーンからフルーツ入りのものまであり、好きなように選べた。そして最後は、ティザンヌ（ハーブティー）。いくつかティーバッグの箱を見せてくれたけれど、ミントくらいしか言葉がわからず、マダムBと同じものをいただいた。まったく馴染みのない味ながら、少し甘くてじんわり体の温まるものだった。
そのときに滞在していたひとり、ドイツ人の女の子が7月で帰国するので空きが出ると聞き、「彼女の後に入室したい」と頼んだ。さらに、家庭料理を知りたいので、できれば夕食の準備を毎日手伝いたいこと、マルシェでの買い物にはついて行きたいことも伝えた。

かくして私のホームステイ生活が始まる。
マダムB家で過ごしたのは、8月から12月の丸5ヶ月。
その5ヶ月は、私のフランス生活で最も恵まれた朝ごはんを食べる日々となった。

暮らし始めると、望んでいたとおり、毎日夕食の準備を手伝った。初めて遊びに行った夜と同様に、マダムB家では毎晩、スープとサラダから夕食がスタートする。スープは、クレソンやカボチャのポタージュだったり、夏にはガスパチョだったりと、季節によっていろいろ。野菜を煮詰めたところにクノールの粉末スープを加えて仕上げることもあれば、パック詰めのスープをそのまま鍋で温めることもあった。毎日スープをつくる様子は、味噌汁を用意するのと同じようだなぁと感じたものだ。違うのは、ハンドブレンダーを使うこと。フランスの家庭では、ハンドブレンダーがよく登場する。コンソメスープにヴェルミセルと呼ばれる極細のパスタをポキポキと折って加えることもあったが、たいていの場合は、ハンドブレンダーで混ぜて仕上げた各種野菜のポタージュだった。マダムB家では、それをカフェオレ・ボウルによそって食卓へ。スープ皿ではなく、カフェオレ・ボウルというスタイルが、ハイジのおじいさんのようで私は好きだった。

深鍋でスープを支度する横で、サラダを用意する。まず、とても大きなガラスのサラダボウルにドレッシングをつくることから始まる。その日の具材によって若干の違いはあれど、オリーブオイル、ビネガー、塩、胡椒が基本。次いで、粒あり・なし両タイプのマスタードは準レギュラーと呼べるほど使用頻度が高く、レモンを搾ることもあった。これらを混ぜ合わせるのに泡立て器は使わない。毎度フォークで、しゃかしゃかしゃかと大まかに混ぜる。ボウルの底でドレッシングが出来上がったら、その上に具材を入れていく。

葉物類は洗って、サラダスピナーでよく水を切り、ひと口大に手でちぎりながらボウルへ。トマトやキュウリは、サラダボウルの上、宙で櫛形切りや輪切りにし、切ったそばからボウルの中に落とす要領で加える。野菜を切るのに、まな板を使うことはほとんどない。

具にはスリミというカニの身を模したかまぼこや、生ハム、ツナ、茹で卵などいろいろあったが、もっとも記憶に残っているのはグレープフルーツとスモークサーモンの組み合わせ。これはトマトやキュウリなど夏野菜がなくなり、肌寒くなってからよく出てきた具材だった。グレープフルーツはピンクのことも、ふつうの黄色いタイプのときも、そしてミックスの場合もあって、いずれも色合いが美しく、スモークサーモンとの相性がとてもよいのだ。すっかり気に入って、いまでもたまにつくっている。

具材を全部ボウルに入れたら、ほんの気持ち、きれいに見えるように整えて、準備完了。

食事の時間になり、みんながテーブルに揃ってマダムBがカフェオレ・ボウルにスープをよそい始めたら、誰かがサラダを混ぜ合わせる。ボウルの中は、軽く混ぜ合わせただけのドレッシングがいちばん下に、その上に具材がざっくりと入っている状態だ。これを、サーバーとして出された柄の長い大きなスプーンとフォークを使い、下の具材を上に引き上げるような動作を繰り返して、ドレッシングが全体に絡むように和えていく。最初にこの仕上げを任されたときは「こうやって混ぜ合わせるのよ」とマダムＢがやり方を見せてくれた。サラダを、それほど柄の長いサーバーを使って和えた経験は初めてだった。私の手つきが覚束なかったのだろう、それから数回、マダムＢは見本を示しつつ教えてくれた。「フランスでは、『サラダがうまく和えられるようになったらお嫁にいける』って言うのよ」と、私が和え始めると手元をいつも見守っていた。溢れんばかりのサラダを、外にこぼすことなく混ぜ合わせるのはなかなか難しい。菜箸があればなぁと思うことも度々だった。ある日「明子はもういつでもお嫁にいけるわね！」と太鼓判を押され、ようやく合格点に達したようだ。

この、器の底にドレッシングをつくっておいて、その上に具を盛り付け、食べる直前に混ぜ合わせる、というやり方はとても理にかなっている。

あらかじめ和えると野菜から水気が出てしまうし、上からドレッシングをかければ葉野菜が沈む。それに、上から回しかけて混ぜるよりも、すでにドレッシングの味が少し染み付いた下方の具材を引き上げる方が、全体に味が効率良く回りやすい。

野菜も具も日によって変化をつけ、サラダは毎日、夕食に出た。そして、その都度ドレッシングをつくるところから始まった。前述のグレープフルーツサラダのときは房に残ったジュースを搾って加えるなど、バリエーションを変えながら、毎回サラダボウルの底でフォークでしゃしゃっと混ぜ合わせるのだ。毎日サラダを食べるのに、市販されているドレッシングを使ったことは一度もない。

私の母はよく料理をし、私が子供の頃もドレッシングをつくっていた。特にごま油をベースに醤油、米酢、塩、砂糖、胡椒を合わせた中華風のものはお手製だったが、市販のドレッシングも2種類くらい冷蔵庫に常備していた。ノンオイルドレッシングのこともあったし、有名イタリアンレストランプロデュースのものもあれば、焼肉屋のサラダドレッシングのこともあった。

冷蔵庫を開ければ扉側に、ドレッシング数種、ポン酢、焼肉のたれに、しゃぶしゃぶのたれ、マヨネーズにケチャップ、これらが並んでいるのは日本ではありふれた光景だろう。ところが、私はいまだにフランスで、市販のドレッシングが冷蔵庫にある家を見たことがない。

どこの家でも決まって常備しているのは、油、酢、塩、マスタードなど何かと組み合わせて使う基本的な調味料で、それ1本で味付けが決定されるマヨネーズやケチャップ、出来合いのドレッシングを買い置きする習慣は浸透していない印象だ。

たしかに、フランスは市販のドレッシングの種類が少ない。私がホームステイをしていた20年前は、スーパーで探しても、南仏の老舗オリーブオイル店が売り出しているものと、イギリス製品の並ぶ棚にシーザーサラダ用のドレッシングなどほんの数種類が並ぶだけだった。いまはだいぶ増えてきたものの、日本のスーパーに比べたらずっと少ない。

とはいえ、売っていないわけではない。そのうえ、決しておいしくないわけでもない。にもかかわらず、家庭では常備していない。

フランスでの私の食生活は、市販のドレッシングがない環境で本格的にスタートした。そこで、夕食には欠かさずにドレッシングをつくる毎日を過ごした。

サラダは、春雨サラダやポテトサラダなどスタンダードなものばかりではなく、前日の残りのプーレ・ロティやさやいんげん、さらにはお米を具として混ぜたりとバラエティに富んでいた。マダムBはレタスの類をいつも2~3種組み合わせて、葉野菜だけでも食感と味の差異があり、それにドレッシングを底から混ぜ合わせる手法で味をよく絡め、嵩はあるのに飽きることがなかった。

ドレッシングを自分でつくれば、無限にサラダの可能性が広がると知った。たとえ、前日と同じ具材だとしても、ドレッシングに中途半端に残っているチーズをおろして加えるだけで、違った印象のサラダが出来上がる。酢やマスタードといった基本的な調味料はそれぞれ数種揃えてその日の具に合わせて使い分け、味付けに表情をつけるフルーツを用いるなどすれば、ほんの少しの工夫で異なる味を楽しめる。さらに、オリーブオイルは日々使うからどんどん減っていき、鮮度の良いうちに使い切れる。実に無駄がない。何よりも、こうしてサラダをつくれば、皿の中に入っているものすべてを自分で把握することになる。

いまの生活の初めの一歩は、20年前、自分でつくって食べるものの中身はすべてわかっている、という食の扉を開けたことだったと思う。

# 3

# 冷蔵庫に
# マヨネーズがない

98年の暮れに、パリに引越しをして、一人暮らしを始めた。

新生活にあたり買い出しに行き、まず揃えたのは基本的な調味料だ。これは、ホームステイ先で知ったものを。オリーブオイルは2種類のブランドを使い分けていたのでその2本、4種のオイルを合わせたサラダオイルを1本、酢は赤ワインビネガー、それに粒あり・なしのマスタード2種類、塩、胡椒、エルブ・ド・プロヴァンス、ローリエ、タイムといったドライハーブなど。ホームステイ先では使っていたシードルビネガーとシェリービネガーは、自分には難しいかもしれない、と買わなかった。まだ、わからない言葉がたくさんあって、スーパーにはいつもポケットサイズの辞書を持って出かけ、棚の前で立ち止まっては辞書を引くので、買い物にとても時間がかかった。

マスタード売り場に行くと、同じ棚にマヨネーズも並んでいる。そんなに種類があるわけではないのに、どれを買おうか決めかねた。ホームステイ先の冷蔵庫でマヨネーズを見た記憶がなかったからだ。フランスの市販のマヨネーズは、マスタードが強めで、日本のものよりもプリンプリンしている。ちょっとボリュームのある質感ゆえか、瓶入りもしくは硬いプラスチックの容器に入っており、そのことに少し抵抗を覚えた。頑丈な容器でないと劣化してしまう性質なのかと、訝ったのだ。結局しばらくは、日本からパリへ遊びにくる友人に、日本のマヨネーズを持ってきてもらうことでやり過ごすことにした。

どうも、フランスではマヨネーズとケチャップはどこの家でも常備しているものではないらしい、と気づいたのは、それから2年くらい経ってからのことだ。なぜなら、そのいずれも私が訪れたフランス人の家庭では見かけなかったから。

友人宅へ遊びに行ったある週末、キッチンをのぞくと冬の定番料理ポトフに合わせるためのマヨネーズが、たっぷりとボウルの中に用意されていた。ポトフはまず始めに煮込んだ具だけ、ニンジンやかぶなど野菜類と肉を各自、皿に取り分けていただき、具を食べ終えてから最後にブイヨン（スープ）をよそって味わう。具には、粗塩とマスタードをつけるのがいちばんスタンダードな食べ方で、ビストロでポトフを注文すると粗塩とマスタードの入った壺がカトラリーと一緒にセッティングされる。家庭で食べる場合には、マヨネーズが登場することも多い。マヨネーズはその都度つくり、あまれば翌日、やはり残った、煮込まれてクタクタのポロ葱と、肉をほぐしたものを合わせて和え、サンドイッチにする。これがまた翌日ならではのおいしさがあり楽しみなのだが、だいたいこんなふうにしてマヨネーズは使い切る。

ポトフに限らず、アペリティフのおつまみに出される茹でたバイ貝や小さなエビにも、マヨネーズをつくって添える。

私は、料理学校へ通った後もかなり長いことマヨネーズは市販のものを常備していた。マヨネーズをその都度つくる、という発想にはなかなかなれなかった。一度、マヨネーズの買い置きがないパリジェンヌの友人に理由を聞いてみたら、とてもシンプルな答えが返ってきた。「そんなに食べない」と言う。そんなに食べないから、たとえ保存できるものだとしても常備はしない。そう聞いても、マヨネーズは冷蔵庫にあることが私にとっては当たり前だった。だからフランス人の友人宅で、おしゃべりをしながら気負う様子もなくマヨネーズをつくり出すのを目にすると、そのたびに感心した。

目の前で誰かがマヨネーズをつくるのを見ていて意識をするようになったのは、その材料だ。

卵黄をベースに塩、マスタード、酢を合わせ、少しずつ油を加えて攪拌していく。

あるときふと、マヨネーズを「調味料」と見ていたことに気づいた。卵を割るところからつくり始めるプロセスを何度も見ているうちに、〝卵黄と酢とマスタード、それに油を合わせ塩で味付けしたソース〟と、マヨネーズの見方がいつの間にか変わっていた。

すると、私の食生活に変化が起こった。

マヨネーズの登場回数が減ったのだ。


なぜ、減ったのか。

たとえば、茹で卵をマヨネーズで和えるときに、それまで私の頭に浮かんでいた材料は、茹で卵＋マヨネーズ＋胡椒の3つだった。

それが、茹で卵＋卵黄＋酢＋マスタード＋油＋塩＋胡椒、と考えるようになった。

「卵、摂り過ぎだな」いきなりそう思うようになってしまった。

もし、合わせるのがポトフならば問題ない。

煮込まれた脂身の少ない肉に根菜。そこに卵黄と酢と油が加わっても、何かを摂り過ぎている気にはならないからだ。

すでに、ドレッシング作りをきっかけに基本調味料をいろいろと試していて、塩も異なる産地のものを数種類買うようになり、油はオリーブオイルとごま油のほかに、ピーナッツオイルやくるみオイルを、酢も赤ワイン・白ワインビネガー以外に、ハチミツやフランボワーズを原料としたものなどをいくつか揃えていた。

マヨネーズをいちばん合わせることの多かった茹で卵にも、それら調味料の種類を変えながら、塩と油を数滴に胡椒だけで食べてみるようになった。すると、より卵の味を感じて、マヨネーズを合わせていたときには味わっていなかったおいしさがあった。

出番は減っても、たまに、マヨネーズで和えたポテトサラダを無性に食べたくなるときがある。その〝たまに〟のために、私は日本製のマヨネーズの買い置きを続けていた。

けれど、食べたい！　と思ったその日はいいが、一度開封して使ったまましばらく経ってしまうと、キャップの裏にカピカピに乾いたマヨネーズがこびりつく。

穴の周りにくっついて固体化したマヨネーズを取り除くたびに、自分がとても無駄をしている気がした。早く使い切らなきゃ、と義務感に似たものも心をよぎるし、使うときに使う分だけつくった方がよっぽどシンプルでいいのではないか、とも繰り返し思った。そしてついに、市販のマヨネーズを常備することをやめた。

そうしたところ、前にも増してマヨネーズを欲しなくなった。

〝とりあえず〟とマヨネーズをつけていた茹でたブロッコリーやカリフラワー、グリーンアスパラガスは、いくつも試してたどり着いた自分好みのバターか、スプーンですくえばとろーっと伸びる濃厚な生クリームで和える楽しみを見つけた。

フランスでは、ラディッシュにバターをつけて食べるのが好まれ、いつしか私も大粒の塩が入ったバターを添えるようになった。

ニンジンやセロリなどの野菜スティックには、ヨーグルトと練りごまを混ぜ合わせた中近東風のペーストや、ピーナッツバターに甘酢ダレを混ぜ込んだアジアンなタレなどをそのときどきの気分でつくって組み合わせる。

この次々に生まれる発見が嬉しくて楽しくて、私の食生活に市販のマヨネーズは必要でなくなった。

そして、やっぱりマヨネーズで食べたいなと思うときには、自家製マヨネーズを用意する。

自分でつくるうえに、〝たまに〟となると、ちょっとした特別感が生まれる。たとえ、切っただけの野菜スティックに合わせるにしても、蓋の裏にカピカピにこびりついたマヨネーズを取り除いて使うのとは、心持ちがずいぶん変わって晴れやかだ。

あまりにも、〝いつもある〟ことが当たり前で、常備しないなんて考えたことのなかったマヨネーズ。習慣となっていた思い込みを外してみたら、無駄にしてしまう罪悪感と別れられ、いくつもの新たなおいしさとの出合いが待っていた。

# 4

# フランスのおいしい神器

## ―オーブン―

パリで暮らし始めて最初の数年は、レストランに行くたびに思っていた。

フランス人って、本当によくしゃべるなぁ、と。

食事の間じゅう誰かしら話していて、テーブルが沈黙に包まれるなんてことは一時もないように見える。飲んで食べて喋って、この行為が織り成すその様子に、「食事」の概念が違うのだろうな、といつしか感じるようになった。

私の父は、家族で食事に出かけても、自分が食べ終わるやいなや〝待っていられない〟と言わんばかりに「行こうか」と立ち上がる。最後のコーヒーくらいゆっくり飲ませてよ、と母や私は抵抗するもののやはり気持ちは急かされてしまい、飲みやすい温度になったらぐっと飲み干し、テーブルを立つ。これはもうしょうがないね、と諦めモードになりながら外食が終わるのは、我が家のいつもの風景だ。

かといって、子供の頃、食事の最中に「黙って食べなさい」と言われた記憶は、ない。いまでも家族が集まっての食事では、ふつうに会話をするし、時に笑いも交じり、3世代が囲む食卓はにぎやかだ。父を筆頭に、おいしいものが大好きで、みんなで集まるごはんの時間を大事にし、楽しく過ごす。それでも、食べ終わるとすぐに立ち上がる自分の父親の姿から考えると、日本ではたいていの場合、食事は「食べる」ことが第一の目的なのだろうと思う。

あるとき、東京でフランスフェアを催すオーガナイザーの方から、そのフェアに出展するパリの人気ブーランジェとシャルキュティエ（豚肉加工品の職人）の対談をアレンジして欲しいという依頼を受けた。同時に、私から二人にインタビューしてそれを記事にする仕事だ。フランスの食材その他が販売されるそのフェアにはテーマがあり、対談を前に、担当の方からこれだけは聞いてほしいという質問が送られてきた。

「お二人にとって〝おいしい食の方程式〟は何でしょうか？」

フランスの人たちの普段の食卓はとてもシンプルで、パンとチーズとハムとワインがあれば幸せ、質素な食事が基本だと聞いている。そこで、「パン×シャルキュトリー（豚肉加工品）×チーズ×ワイン＋デザート＝幸せ」をフランスの「おいしい食の方程式」としてお客様に提案したい。この機会に、お二人にとっての「おいしい食の方程式」を教えてもらえませんか、というものだ。

対談当日。プライベートでも親しい二人に、最近訪ねた生産者の話など近況を聞いてから、本題へ移る。件のフェアで打ち出す「食の方程式」を具体例とともに伝え、彼らにとっての食における〝これがあれば幸せだ〟というものは何かを聞いた。

一瞬おいたあとに、シャルキュティエのムッシュが「質の良い食品をシェアすること」と答えた。レストランも大好きだったけれど、素材に直接近づけるような、前よりもずっとシンプルな食事をいまは望んでいる、と。その彼の言葉を拾いあげるように、ブーランジェのムッシュが「何よりもまず、自分の好きな人たちと一緒にってことだね」と続ける。

「打ち解けた雰囲気、人間味ある分かち合い。共有する時間。フランス人にとって、意見交換する、討論するっていうのはすごく大事なことなんだ。もちろん、質の良い食材も。でもそれは必ずしもソフィスティケートってことじゃない。おいしいパンに、上等なシャルキュトリー、素晴らしいチーズに、上質なワインを買い集めて、気取って音も立てずに小声で話しながら食べるんじゃなく、手でパンをちぎり、周りにいるみんながしゃべっていて、自分もこうやって大声で話しながらっていう方がいい。ひとりずつが黙々と自分のお皿とだけ向き合い、その人のリズムで食べても何の意味もないからね」

〝食事を共にする〟ことは〝分かち合う〟ことであり〝語り合う〟と同義語。インタビューで聞いたことを考えてみると、フランスで近しい人たちが集まって、家でごはんを食べるときのあれこれに大いに合点がいく。

大まかな流れはこうだ。誰かの家に集まると、まずはアペリティフから始まる。「約束の時間より前に訪ねるのはフランスでは失礼なこと」と言われるが、少し遅れて着くようにしたとしても、全員がほぼ約束の時間に揃うことは、まずない。それはもうみんな想定済みで、ホストは到着した人から順に食前酒なりジュースなりを振る舞い、ゲストはグラスを傾け、互いの近況を話しながら過ごす。ダイニングで談笑する人たち、庭に出て草木の様子を見て回りながらおしゃべりする人たち、キッチンで支度を続けるホストと並んで立ち話をする人、それぞれだ。全員揃っても、すぐにテーブルにつくわけではなくて、やっぱり少しおしゃべりをしてから、になる。初めて顔を合わせる人たちがいたら紹介し合い、〝じゃあそろそろテーブルに〟と場が食事開始の気配を見せるのは、早くて集合時間の1時間後くらい。

前菜の盛られた皿を食卓に運び、全員が席について食事が始まる。次に出す料理の準備のためにホストだけあとから座る、なんてことはない。家族で集まる食事でも同じだ。お母さんだけが台所に立ち続け、ほかのみんなが先に食べ始めるということはない。ホストあるいはお母さんがまだ何か準備をしていたら、その間にワインの栓を抜き、香りを嗅いで味の批評なんぞをして楽しんでいる。料理を用意している人がテーブルにつくのを待ち、みんな揃ったところで食事が始まる。

家族だけでなく友人を招いての場合でも、家での食事は大皿で出されることがほとんどだ。それを順に回し、自分の食べる分だけ取り分け、みんなでシェアをする。昔は、温かいポタージュ（スープ）から始まるとされた食事も、いまでは、冷たい料理からスタートするのが一般的だ。それでも稀にポタージュやスープが出されるときは、まずスープを大きな鉢に注いで食卓に運び、テーブルで各人によそう。

では、みんなでテーブルについて食事を始めたら、メインの準備はどうするのか。

前菜を食べている間に、オーブンで焼いているのである。

フランスの家でのごはんは、家族だけのときでも、友人たちを招いてもてなす場合でも、それほど大仰なことをしない。料理好きな人が腕によりをかけて前日から煮込み料理を用意するようなことはあっても、日本のように、何品もつくることはない。品数こそ多くないが、みんなでシェアできるボリュームのある料理を出す。

だから、大人数の食事のときこそ、オーブンが大活躍する。

最もポピュラーな鶏はもちろん、鴨やほろほろ鳥を焼くこともあれば、フライパンで焼き目をつけた骨つきの大きな塊肉にじっくり火を入れることもある。夏にはトマトや丸いズッキーニの中身をくりぬいてひき肉やシャンピニオンを詰めたファルシを、冬ならキャベツ丸ごとを使ったシュー・ファルシ（ロールキャベツ）もオーブンに入れておけば焼きあがる。

野菜の付け合わせだって、オーブンに仕上げを任せればいい。みんなが大好きなグラタン・ドフィノワ（スライスしたジャガイモと生クリームのグラタン）も、カボチャのローストも、出来立てをサーブすることができる。

もし塊肉をオーブンで焼いたなら、焼き汁は別の小さな器にとっておき、ソース代わりに、好みで肉にかけて食べる。料理好きな人なら、その焼き汁を少し煮詰めてワインを注ぎソースとして仕上げようとするかもしれない。でも、家庭ではごくシンプルに焼き汁をそのまま、もしくは少しだけ煮詰めて、塩味が足りなければ粗塩をぱらぱらっと足す具合だ。

グリーンサラダをあらかじめボウルに用意しておけば、メインの準備は整ったも同然。

ダイニングとキッチンが少し離れていても、ホストは途中一度だけ焼き具合をのぞきに行くくらい。次の料理の支度をするために、早々に食べるのを切り上げてキッチンへ、なんてことはないのである。

日本は箸の文化で、塊肉よりも薄切り肉が主流だから、オーブンを活用する機会がそう多くないかもしれない。けれど、骨つき塊肉を焼くときや、ひき肉料理でも煮込みハンバーグのような少し時間を要するレシピには便利だし、肉料理以外ならたとえば、ベイクドライスをオーブンで仕上げテーブルでハーブをたくさん盛りつければ華のある一品が出来上がる。野菜を輪切りにしてグラタン皿に並べアンチョビを散らし生クリームをかけて焼いてもいい。思っている以上に、オーブンを使う料理にはレパートリーに幅がある。
使うコツは、言ってみれば、炊飯器と同じだ。普段ごはんの支度をするときに、まず炊飯器のスイッチを押し、お米を炊いている間におかずの用意をしないだろうか？　オーブンもそれと同じ感覚で、利用するタイミングをうまく摑めばずっと使い勝手がよくなる。食事が始まるときに（料理によってはその前から）オーブンに入れ、前菜的なものを食べ終える頃に焼きあがるようにすればいい。もし食事の最初から出したければ、まずオーブンでつくる料理を支度して焼き始め、その間に、他のものの準備をすることも出来る。

これに慣れてしまうと、むしろ出来上がるまでに時間のかかる一品がないと、困ったなと感じるようになる。なんとも面白い感覚だ。時間がかかって不便なのではなく、時間がかからないと都合が悪い。現代の生活で、時間がかかって便利だな、と価値を見出すことはそうないだろう。でも、時間がかかることで生まれる、別の時間があるのだ。

それ以上に、みんなで食卓について食事を楽しむことが当たり前になると、誰か一人が台所に残ったまま、ということに違和感を覚え、とても残念な気持ちになる。みんなで一緒に食べようよ！　と。フランス人だって、平日の朝は慌ただしいし、夕食もごくシンプルだ（私のホームステイ先はかなりのレアケース）。肉や魚をさっとフライパンで焼いて、惣菜屋で買ってきた野菜料理を付け合わせて終わり、もしくはハムとチーズとワインにフルーツで済ませることも珍しくない。でも、だからこそ、みんなで集まる食事では全員が揃ったところで、ごはんをスタートさせ、そして、誰かひとりが慌ただしく台所と行き来することなく、ゆったり食事の時間を楽しむ。このことを可能にするオーブンは、フランス的おいしい食事を実現する、台所にマストの調理器具だと思う。

だからと言って、大勢で集まるときにしか活躍しないかというと、それは使い方次第。

私は、冬になると朝ごはんによく使っている。かぶや大根、白菜、ポロ葱のおいしい季節。大好きなひと皿は、アンディーブを縦に4つ割りにしてテリーヌ型に重ねるように入れ、間に明太子かたらこを適当に挟む。そこにクレーム・フレッシュ（脂肪分の高い生クリーム）をかけ、胡椒を振ってオーブンへ。

30分ほど焼いている間にシャワーを浴びる。

思いついたのは、アルザスへ行ったときにかわいいなぁと惹かれて買ったはいいけれど、いつしか埃をかぶってしまったテリーヌ型が目についたある日。汚れちゃってかわいそうだなぁともっと頻繁に使いたくなった。せっかく蓋があるのだから、蓋も活用したい。それに、普段使いをしたかった。

たまたま日本から持ち帰った明太子があって、メインになる何かひと皿をつくりたい、とも考えていた。それで思い浮かんだのが、昔は惣菜屋の典型的な料理だったアンディーブ・オ・ジャンボン。アンディーブをハムでくるみベシャメルソース（ホワイトソース）をかけてオーブンで焼いたグラタンだ。最近ではめったに見かけなくなったが、大好きな料理である。ハムと明太子なら色はほぼ同じだし、アンディーブとも相性が良さそうな気がした。〝焼いた明太子もおいしいしな。塩気は十分だろうからチーズはかけずに焼いてみよう〟とさっそくつくってみた。つくるも何も、アンディーヴを切っただけ。明太子は一腹を真ん中で二つに割いてそのまま器に入れ、上からクレーム・フレッシュを注いだら準備は終わり。あとはオーブンが仕上げてくれる。

これが想像以上においしくて、白ワインにも日本酒にも合う。ごはんでもパンでもいける。切り込みさえ入れなかった明太子は焼いている間にぱかっと割れ目が入って、中の卵は勝手に流れ出し、いい具合に全体に行き渡っている。塩気が足りないときは、塩漬けのケッパーを加えるとまた異なる風味が生まれて、華のある味になる。

少し残ったものを翌朝食べようとしたのだが、ふた口で終わってしまう程度しかなかった。そのときに、もしや、これは改めてつくってもシャワーを浴びている間にできるのでは？　と気がついた。

そこから、朝ごはんにもオーブンを活用し始めた。焼き立てはいずれにしても熱過ぎて食べられないから、少し放置しておいたところでなんの問題もない。時間はかかるので、時間短縮ではないけれど、オーブンが朝ごはんを仕上げてくれている間に、シャワーだけでなく他のことがいくつか出来て、逆に効率が上がり、何だか得した気分になる。

アンディーブ・明太子は、ときにポロ葱、ときにジャガイモと材料を替えることもある。白菜・アンチョビもおいしい。どれも生クリームをかけるだけ。

甘い味を食べたい朝につくるのは、焼きりんご。芯をくり抜き、できた筒状の穴にバターとブラウンシュガーを詰め、上からシナモンパウダーをふりかけてオーブンへ。りんごの品種によって少しばらつきはあるけれど、だいたい焼き時間は30分。バターと砂糖が溶け、りんごのジュースと混ざりあったシロップがキャラメリゼしはじめてじゅわじゅわいっているところを逃さずに食べたいから、焼いている間に、シャワーは浴びない。その代りに、焼き上がりを気にしつつシーツと布団カバーを取り替え、洗濯機を回す時間にあてている。

# 5

# 風景のある
# おいしさ

パレ・ロワイヤル近くでビストロを経営していたあるシェフが、夏になると15、6人の仲間たちと船の旅に出ていたと、話をしてくれたことがあった。数週間にわたってフランスの大西洋側から地中海へとまわる行程で、夜の間航海し、毎朝違う港に立ち寄ったそうだ。ビストロをオープンする前は欧州議会議員だった彼は、バカンスの間、共に旅する仲間たちのために船上で腕をふるった。港に着くと陸にあがり、獲れたての魚介を買う。それを船に持ち帰り、料理する毎日。「料理と言っても、焼いてレモンを搾るだけでおいしいからね」と謙遜していたが、その地その地で食材を探し、料理をしてみんなに振る舞う楽しさが高じて、ビストロを始めることにしたという（残念ながらいまはすでに閉店）。

バスク地方のビーチ沿いにイカ焼きを売っているところがあり、そのイカと白ワインだけで他は何もいらない、あの何もない海岸で食べたイカが抜群においしかったと熱く語ってくれた人。豚のリエットが大好きだと言った私に、夏休みを何度か過ごしたブルゴーニュのマルシェで買っていた豚のリエットに勝るものはない。でも子供の頃のことだから、それがシャルキュトリー（豚肉加工品の店）だったか農家の人がつくって売りに来ていたものかを思い出せない、あれを明子に食べさせたいと必死に思い出そうとしてくれた人もいた。

あるとき、「いまのところ私の人生で最高においしいジャムを見つけたの！」とやや興奮の面持ちで友人がくれたのは、子供たちとバカンスを過ごしたイル・ド・レ（レ島）で買ったという野生のブルーベリーのジャム。瓶に貼られたラベルには、成分の90％がフルーツと記されている。自分で育てた果物でジャムをつくって売っているマダムがいて、彼女のジャムはどれも砂糖の量がごく控えめで甘ったるさがなく、それゆえにうっかりと瓶の半分くらい食べてしまいそうになる、と友人は語った。そのジャムを食べて私のことが思い浮かび、買ってきてくれたらしい。たしかにそれは、はじめはヨーグルトにかけていても、そのうちにジャムだけを食べたくなり、最後には瓶からスプーンですくってそのまま口に運んでしまうおいしさだった。後日会ったときに「あのジャム、危険だね」と伝えたら「でしょ〜。気をつけないと2日でひと瓶なくなる」と、笑い合った思い出がある。

フランス人が〝格別においしかったもの〟について話すときには、いつだって、風景がともにある。

私にとってフランスのおいしさの原風景は、ホームステイ先の朝ごはんだ。

マダムBは学校の先生だった。平日は朝8時前に家を出る。7時半には朝食がセッティングされていて、テーブルの真ん中にはまだほの温かいクロワッサンが人数分と、ブリオッシュ・ナンテールという食パンのような型で焼く長方形の大きなブリオッシュが1斤、置かれていた。マダムBが毎朝7時に、近所にある窯焼きのパン屋へ焼きたてを買いに行くのだ。バゲットを食べたければ、前夜の残りを温める。ボダムの大きなポットで淹れたコーヒーと紅茶、赤白チェック柄の蓋がおなじみのボンヌママンのジャムが数種と、マダムBお手製のアプリコットジャムがパンのお供だった。

台所の棚の上には、手作りジャムの瓶がずらーっとストックされていた。ジャムは全部アプリコットだった。旬の時季にマダムBが大量に作り置きをしたものだ。この手作りジャムが本当においしかった。酸味がしっかりとありアプリコットの形も4割くらい残っていた。毎朝これを、手でちぎろうとするとほろほろほろ〜っとほぐれていく柔らかくてしっとり、同時に弾力のある生地の、バターと卵の風味豊かなブリオッシュにのせて食べていた。おそらく、甘みに勝る酸味のおかげだろう、どんどん食べてしまう。ジャムはどれくらいの作り置きがあっただろうか。キッチンの造り付けの棚の上にずらーっと並んだ瓶はかなりの数で、私の滞在中になくなってしまうことはなかった。瓶には、つくった日付の書かれたシールが貼ってあった。それがまた私の興味を引いた。つくった日付の貼られた瓶は誇らしげに見えた。

それまではイチゴジャム一辺倒だったのに、すっかり、ジャムはアプリコットが自分のスタンダードになった。パリに住むようになって、思い出の味をずいぶん探したが、これだよこれ、と思えるものは見つからない。味は近いものを見つけた。でも、果実のとろみ具合が、違うのだ。

そんな朝ごはんを満喫したホームステイを終え、パリに越してから5ヶ月ほど語学学校に通ったあと、私は、製菓を学ぶため料理学校に入学した。そして、全課程を修了すると、オペラ座近くにあるホテルの厨房で3ヶ月間の研修を開始。研修生といえど要員のひとりとしてフル稼勤していたある日。何も考えずにイチゴを洗おうとした私にシェフ・パティシエから「フルーツは洗わない」

と待ったがかかった。〝え？　お客様に出すのに洗わないの？〟と思っていると、「水で洗って、水分がついたら味が薄まる」と言う。そして、夏におばあちゃんの家の庭になっていたフランボワーズや野イチゴを、枝からもいでそのまま食べるときのおいしさを語り出した。「もし何かがついていたら、手ではらって落とせばいい。それで十分。甘過ぎなくてちょっと酸っぱくて、草の香りも土の匂いもして、あれ以上においしい果物なんてないよ」と。そしてもうひと言、「果物は冷蔵庫に入れない」。厨房では冷蔵室に保存せざるを得ないけれど、家だったら入れない。そのままの温度で食べるのがいちばんだ、と言うのだ。冷蔵庫に入れない果物といったらみかんくらいしか思いつかず、熟すまではたとえ外に置いておいたとしても、キーンと冷えたメロンやひんやりした桃に梨が好きだった私は、そうなのかなぁと少し腑におちない思いがした。

ただ、そのシェフの考える果物のおいしさの原点は、庭でもいでそのまま食べた味なのだな、ということは伝わった。

それから数年後。ノルマンディーに隣接するパリ郊外に住んでいた友人のお姉さんの家を訪ねる機会があった。以前、彼女が育てたクルジュ・スパゲッティ（日本名は金糸瓜）という身が細く糸状にほぐれるカボチャをもらったことがあり、菜園を見に来る？　と誘われていたのだ。8月のことで畑には何種類もの野菜が実をつけていて、土から生えている状態のさやいんげんも初めて見た。

畑よりもだいぶ広い敷地、庭全体に植林されているのがスモモの品種であるレーヌ・クロードとミラベルだった。パリのマルシェに出回るのは、8月の終わりから9月始めにかけて3週間くらいの、あっという間に旬が終わってしまう果物だ。食べられる時期が短いだけに、季節がくると俄然注目を浴びるが、正直私は、〝逃さずに食べたい！〟と思うほど惹かれたことはなかった。

とは言うものの、頭上に広がる実を見ると、やはり食べてみたくなる。友人たちは「熟れるまでにはもうちょっと待たないといけないねぇ」とレーヌ・クロードの木々の合間を歩きながら、その中で比較的熟している実がついている木を見つけたようで立ち止まった。腕を上げ、ひとつ選ぶと、もいで渡してくれた。

それは、それまでに私が食べたことのあるレーヌ・クロードとは全くの別物だった。

甘くて同時に酸っぱくてジュースがいっぱいで、ほとばしる、という言葉がぴったりな勢いのある果実だった。

十分に熟れていない状態でこんなに弾けるのか、と圧倒された。

その数日後。マルシェに出始めたレーヌ・クロードを買ってみた。いつも果物を買っているその店は中央市場から仕入れをしているスタンドで、イチジクや桃、ネクタリン、イチゴなど期待を裏切らない質のものが揃っている。

しかし、買って食べてみたレーヌ・クロードは、〝うーんそこまで好きではないかなぁ〟と思っていた、私がかつてレーヌ・クロードとして認識していた味だった。ひと口かじった実を見ながら、何がここまで違うのだろう？　と愕然とした。

何かの本で見た、農産物の流通経路の図解が頭に浮かぶ。収穫のタイミング、収穫してからの日数、どのように運ばれ、その間どう保存されていたのか。そういったことによって、ここまでの違いが生まれるのだろうか？　もちろん、生産量にも左右されるだろう……。

たくさんの疑問の渦に頭の中が支配されたそのときに、〝そうか！　こういうことか〞とやっとわかった気がした。かつてシェフが、おばあちゃんの庭でもいで食べるフランボワーズや野イチゴがどれだけおいしいか、と熱を帯びて話していたことの意味が。

商品として出荷するために一定の品質を保ち果物の状態を整えようとすることは、果物の味を削っていくことなのかもしれない。

木からもいで食べたレーヌ・クロードは、私の人生に大きな影響を与えた。

あのレーヌ・クロードは、規格外のおいしさと言うのだろうか、統制されていないおいしさと言ってもいいかもしれない。勢いがあって弾ける感じだったのだ。それは口の中で味わうに留まらず、体じゅうに浸透していくような気がした。躍動感のある生きているおいしさ。

そんなおいしさを有する生産物はふぞろいだ。ふぞろいなおいしさに、私は初めて出合った。

それは、その季節と、季節が描く風景とともに〝格別においしいもの〞の記憶となった。

MIRABELLE
de la production
Non traitées.
9,80€ le K.

# 6

# 本物のサラダ・ニソワーズを探せ！

パリでひとり暮らしを始めた年の6月に入った頃だったろうか。あることを伝えたくて母に電話をした。

「フランスって、いまの季節にイチゴが出るんだよ！」

少し興奮しながらそう言った私に、間髪を容れず母から返ってきたのは、

「日本でもイチゴは夏のものですよ」

と、思いがけないものだった。

「え？ イチゴだよ？ 冬に食べるじゃん」

「クリスマスのケーキがあるからね、出回るけど。日本でもイチゴは本来、昔の暦でいう夏ね。5月とか6月、ちょうどいま頃の果物よ」

ほぼ20年前のことながら、はっきり覚えているやり取りだ。

それくらい私は、野菜や果物の旬に疎かったのである。

たしかにイチゴは、走りと旬の時期に極端にズレの生じる果物のひとつだろう。そこまでではないにしても、通年出回っている野菜に関しては、たとえば、学生の頃よくつくっていた〝ナスとひき肉のカレー〟には冬でもトマトを加え

ていたし、ピーマンを使うチンジャオロースは当たり前のように一年中食べるものと思っていた。ラタトゥイユだって、煮込み料理というイメージだったからトマトの水煮缶を使い、冬につくっていたことの方が多かったと思う。トマトとナスは夏野菜という意識がまだどこかにあったが、ピーマンにいたっては季節を考えたことがなかった。

旬の素材というのは、その時分がいちばんおいしい。季節に準じて育つものだから栄養的にも優れ、たくさん実るから価格も下がり買いやすくなる。自然の豊かな実りを有効利用し、飽きずに食べ続けるために、昔からおいしく食べるための調理法がいくつも生み出され、そのなかから人々に愛されるレシピが残っていくのだろう。産地に行けば、その地ならではの、受け継がれてきた料理も存在する。

フランスのカフェの代表的なひと皿として有名なサラダ・ニソワーズ。ニース風サラダと呼ばれるそれは、フランスはおろか、日本でもアメリカでも、イギリスでだってカフェ・メニューの常連だ。パッと思い浮かぶ材料は、ツナ、茹で卵、さやいんげん、オリーブ、アンチョビ、トマト、レタス系の葉野菜、こんなところだろうか。店によっては、お米が入っていることも結構あるし、ジャガイモ入りもよく見かける。

このサラダ・ニソワーズの本物を見つけようとしたことがある。きっかけは、発祥の地であるニース周辺では「茹で卵以外、火を通したものは入れない」と聞いたことだ。おまけに食べられるのはほんの2週間ほどらしい。火が通ったものは入れないって、だって、パリのカフェでは必ずと言っていいほど茹でたさやいんげんは入っているし……、じゃあ、何をもってサラダ・ニソワーズと言うのか。その定義を探ろうと食べ歩いた。その頃私は、パリで◯◯を食べに行くならこの店へ！　というテーマで日本の雑誌に連載を持っており、そのお題としてサラダ・ニソワーズに着手することにしたのだ。素材にこだわるビストロやブラッスリー、それに南仏料理をスペシャリテとするレストランを巡ってメニューをチェックし、サラダ・ニソワーズを見つけると食べてみる。ノートを見返すと、下見に行ったのは21軒。実際に食べたのは6軒。ところがどこも例外なく火を通したものが入っていた。そして、南仏では欠かせないらしい小粒のそら豆や小ぶりのアーティチョークを使った店は1軒もなかった。最終的に、あるパラスホテルのテラスでいただくことのできる、ツナもアンチョビもオリーブも他店とは一線を画すクオリティだった、ある意味〝例外的な〟サラダ・ニソワーズを取材し、紹介した。

その1年半後。連載をしていた雑誌がコート・ダジュール特集を企画し、私が取材コーディネートを担当することになった。そこで即座に「本物のサラダ・ニソワーズを探せ！　ってどうですか」と提案した。

そうして、発祥の地へと赴くことになる。出発前に、地中海沿岸の郷土料理について書かれた本やレシピ本、南仏の食のガイドなどを何冊も買って隈なく読んだ。レシピを見つければ、材料をすべてメモし、見比べてみるが、それでもやはり材料を確定することはできない。

現地入りしてから、下調べしていた店を食べ歩き、火の通った野菜が加わっていない5軒の店を取材した。

定義はこうだった。サラダ・ニソワーズとは、ニースとその周辺で取れた生野菜を使ったサラダ。特に小粒のそら豆とトマトの両方が収穫できる夏の始まりのわずかな期間に楽しむ郷土料理。いまではオイル漬けを使うことが一般的なツナだが、もともと地中海のマグロ（ツナ）漁は5月の終わりから6月の終わりまでの1ヶ月。そら豆とトマトの両方の収穫期と、ちょうど重なる。だから豆とツナが使われている。主な材料としては、フェヴェットという名の小粒のそら豆（ふつうのそら豆は〝フェーヴ〟）、トマト、アーティチョーク（〝ポワヴラード〟と呼ばれる、このあたりが特産の小ぶりで紫色がかったもの）、ピーマン、ラディッシュ、セベット（わけぎ）、ルッコラなどの葉野菜、黒オリーブ、アンチョビ、ツナ、そして茹で卵。オリーブは、やはり土地のものを使う。ニース近辺で取れるものは小粒で、黒というよりは紫と茶が混ざったような色をしており、身も柔らかい。地中海で獲れるアンチョビの旬も5月に始まるから、まさに海からの季節の恵みも享受するひと皿なのだ。サラダの味付けは、これも地元産のオリーブオイルと塩が基本で、人によってはビネガーを加えることも。

取材旅はまだ寒い時期だったので、あいにく本来のサラダ・ニソワーズを食べることも、見ることさえもできなかったが、それでもその時季に手に入る素材で、かつ生野菜だけで構成したサラダがニースではサーブされている事実を目の当たりにした。

世界各地で再現されているサラダが、実は、特定の地で特定の季節にだけ楽しむものとわかり、気持ちがほぐれていくように嬉しくて、何を入れるかなんて、もうどうでもよいことに思えてしまった。いつか初夏にコート・ダジュールを訪れて、旬の素材を盛り込んだサラダ・ニソワーズを食べることができたなら、地中海の輝きや、夏至に向かっていることを感じる日の長さ、そして添えられたトーストをかじったらガーリックトーストで南に来たことを実感したそのひと口め、そういったことがサラダ・ニソワーズのおいしさの記憶と同じくらいのボリュームで、サラダの思い出として残るだろう、きっと。

サラダ・ニソワーズ以外にも、私は〝定義探し〟をしたことがある。

そのひとつは、北アフリカ料理のクスクス。フランス語には、モロッコ・アルジェリア・チュニジアの総称で〝マグレブ〟という言葉があり、クスクスは学校給食にも登場するほど、マグレブ料理は広く親しまれている。たまにクスクス屋さんの話題になると「あそこはアルジェリア系だよね」なんて言う人がいて、「そうなんだぁ」と聞きながらひそかに私は気になっていた。モロッコとアルジェリアとチュニジアでは、クスクスにどんな違いがあるのか。マグレブ料理の店を取材する機会があると、毎回聞いてみるのだが、はっきりしたことはわからないままだった。

あるとき、取材で、17区のモロッコ料理店を訪れた。目当ては、シナモンやアーモンドを加え、粗挽きの小麦粉でつくった薄い生地で鳩肉を包むパスティーヤ。撮影を進めながら話を聞く中で、マグレブの中でも特にモロッコ料理は、フルーツやナッツを肉に合わせることが多いと耳寄りな情報を得た。それで、そのときのテーマではなかったけれど、クスクスについても聞いてみたのだ。地域によって特有の具材があるか、味付けの違いがあるか、などなど。

すると、モロッコがルーツの家族から店を継いだ若きオーナーは穏やかに答えてくれた。家庭料理だから〝この野菜を必ず入れる〟というようなものはなく、具はそのときに手に入る野菜。だから季節によって変わり、ズッキーニがたくさん入っているときもあれば、ニンジンが豊富に取れる時季にはニンジンが多くなる。ブイヨンにトマトを入れるかどうかも、地域性とかではなくて、季節と人それぞれの好み。ただ、味付けを特徴づけるスパイスはラズエルハヌート（マグレブ料理で使われるミックススパイス）を用いるのが基本だ。

それまで私は、家でクスクスをつくるときには、いつもズッキーニと大根、ニンジンを買っていた。どこの店でもこの3つは入っているから。でも話を聞

いてから、冬には冬野菜で、ニンジンと大根のほかにもポロ葱やかぶを加え、夏にはズッキーニ、ピーマン、トマト、セロリなどでつくるようになった。ズッキーニも、薄い緑、濃い緑、黄色、細長いもの、丸いものと5種類くらい、ピーマンも緑、赤とマルシェで見つけたものをいくつも合わせて入れている。

土地の名を冠する郷土料理や地域を代表するような家庭料理の、その最もシンプルな成り立ちを知るたびに、料理はその地で取れたものでつくるものこそがおいしくて、そのおいしさゆえに広まっていくのだよなぁとしみじみ思う。

# 7

# 自家製瓶詰め生活

パリで暮らし始めたばかりの頃は、スーパーに売っている食品のどれもに興味を引かれ、いろいろと試した。パスタ用のペーストやソース、瓶に入って保存の利くテリーヌや煮込み料理、パック詰めのスープやポタージュといった加工品、それにビスコット類、ヨーグルトにチーズなどなど。フランスの食品を知りたかったし、フランスの味を覚えていきたかった。おいしいものを発掘したくて、スーパーの棚で目に付いた順に試していった。

と同時に、マルシェでも少しずつ開拓をした。レタスの仲間のようだけれど日本では見たことのない葉野菜や馴染みのないハーブを買い、きのこ専門の店では毎週ひと種類ずつ試してみた。

と、ここでちょっとした課題が出てきた。

きのこは、量り売りで欲しい分だけ買えて良いのだが、ハーブは束ねて売られている。このひと束が、日本では考えられない量で、イタリアンパセリだったら、葉だけ摘んでもカフェオレ・ボウルで優に2杯を超えるくらい。コリアンダーにチャービルも……と買うと、ものすごいボリュームになるのだ。特に驚いたのは、クレソンだった。一人暮らしを始める前にも、ホームステイ先や知り合いのお宅で手伝いをするときに、見たことは何度もあったはず。なのに、自分で買ってきてその束を解いたときに感じた量の多さは途方に暮れるほどで、洗おうにもボウルの大きさが間に合わない。

そこで納得がいった。これならポタージュにするよね、と。

ポタージュといえば、私の中ではコーンが不動の1位だが、なんとフランスにはコーンポタージュが存在しない。では何が親しまれているかというと、色々な野菜のミックス、カボチャ、ニンジン、そしてクレソン。クレソンを生で食べるのが好きな私は、誰かの家に行って鍋の中でぐつぐつ煮ているのを見つけると、もったいないなぁと思っていた。でも、ひと束のボリュームは煮たところでもったいない量ではなく、むしろ火を通し嵩を減らすことで鮮度の良いうちに食べきることができ、ちょうどいいくらいだ。

ほかのハーブも、無駄にしないためにはどうするかなぁと、まずはオイル漬けにしてみたのだが、葉の色がきれいなうちにはとても食べ終わらない。それでペーストをつくることにした。市販のものを試している場合じゃない。バジルだって数枚あれば十分なのにわんさか葉がついてくる。フレッシュなものを使いきれずに処分、なんてことはしたくない。ハーブでペーストといえば、バジルを使ったものが思い浮かぶけれど、ほかのハーブでもつくってみることにした。

それで買うことにしたのが、ハンドブレンダー付きのフードプロセッサーだ。オーブンほどではないが、フランスの台所ではハンドブレンダーも出番の多いアイテムだ。ハンドブレンダーに付属品で付いてくるフックを壁に取り付け、いつでも使えるよう引っ掛けているお宅もあるし、そうでなくても日常的に手に取れる場所にしまわれ、必要なときにはひょいと取り出して、なんとも気軽に使っているのを目にする。

実際に使い始めたら、食材を無駄にしないためにかなり有効な調理器具であることを発見した。使いきることができるのは、ハーブや野菜だけではない。ハーブペーストをつくるときに不可欠なオイルは、使用頻度が増え、酸化が進む前に使いきれる。ちょっとだけかけらが残っているチーズだって、ペーストに加えればいい。各種野菜のポタージュには味に変化をつけるために、少しだけ使ってあまったまま使い道に困っていたスパイス類が新たな出番を得た。

ハーブペースト作りの初心者の頃はレシピ本を参考にしながら、同時に、選りすぐりの食品を揃えているエピスリー（食料品店）に行き、おいしそうな瓶を探しては裏に貼られた原材料表示を見て、気になる組み合わせがあると買って味見をした。そして空になった瓶に、自分なりにアレンジをしてつくったペーストを詰めた。一度アレンジし始めると、次から次へと材料を変えて試したくなり、市販では見たことのない組み合わせもどんどん出来ていく。最初は、何も考えずハーブは1種類でつくっていたのが、パセリとミント、チャービルとディルなど2〜3種類を合わせるようになった。ナッツも、それまではバジルペーストにいつも入れる松の実と、あとはくるみだけだったが、アーモンド、カシューナッツ、ヘーゼルナッツ、ピーナッツと揃え、ハーブの組み合わせによって、加えるものを変えた。そのうちハーブのほかにラディッシュの葉やルッコラも使うようになり、それに合わせて、チーズもパルメザンだけでなくフレッシュチーズでもつくってみるようになった。そして、オイルが肝心だと思い、試飲をさせてくれる店で味見をして、自分がつくろうとしているペーストのイメージに合うものを選んだ。マルシェで購入したハーブを無駄にしないためにつくり始めたペースト類だったが、手作りの瓶詰めが嬉しくて、さらに、市販では味わえない自分好みの組み合わせが出来ると楽しくなり、いつしか瓶詰めは自家製ばかりになった。

これらハーブペーストは、市販品同様、まともに準備をする時間のないお昼や、夕飯の支度がままならないときに活躍してくれる。好みのハーブの組み合わせにパルメザンとナッツを加えたペーストなら、麺類やお米に和えるだけでランチになるし、フレッシュチーズ入りのペーストはイモ類や豆類とも相性よく簡単に温かいサラダができる。ルッコラやバジルをベースにしたものは魚介と合わせれば立派なメインディッシュになるなど、いきなり友人がごはんを食べに来ることになっても、とりあえずの一品を生み出す優れものだ。

最近はオーガニックのスーパーが増え、粒のままの雑穀類が量り売りで買えるから、何種類かをいつも買い置きするようになった。カマルグ産の玄米に赤米、スペルト小麦、亜麻仁にきびなどを合わせて炊き、自家製ペーストで和え、サラダを上に乗せたサラダごはん丼をお昼によく食べる。あるときこの雑穀ごはんを炊く準備をしながら、エゴマのキムチが食べたくなった。もちろん、家にはない。似たような味がつくれないかと考えて、ミントを多めにしてパセリと合わせたら、エゴマのようなす〜っとした味が出るのではないかとイメージが浮かんだ。ごま油と韓国の唐辛子をベースにミントとパセリのペーストをつくってみよう、と試すと、エゴマのキムチとはだいぶ違うけれど、納得のいく味になった。ごはんをこのペーストで和え、塩とごま油で味付けしたルッコラのサラダを盛って目玉焼きものせたら、最終的に、大満足の一品になった。

鮮度の良い野菜をベースにペーストをつくり始めると、組み合わせる材料も気になり出した。面白いことに、すでに全部が混ぜ合わされている市販の商品を買っていたときは平気だったのに、自分で材料をひとつずつ加えていくと、それぞれが体によりダイレクトに浸透していく感じがして、とても気にかかるようになったのだ。結果として、手作業が感じられるものを選ぶようになった。小売店で買い物をすることが増え、オイル、塩、バターなどのラインナップが変わった。

いつの間にか選び抜いた食材でペーストをつくるようになり、ふと湧いた疑問に賞味期限があった。〝これ、いつまで食べられるだろう?〟と。市販の加工保存食品には、必ず賞味期限が表示されている。日本の商品ならば、開封後はなるべく早くお召し上がりください、とも書いてあるが、開封しなければどれくらい持つのかは、一目で分かるようになっている。

食べ物を、いつまで食べられるのか自分で判断してきたことがほとんどないな、と気づいた。

フランスに渡るまでは実家で暮らしていたから、危うそうなものは「これまだ大丈夫?」と母に確認していた。「食べてみたら? においする?」「ちょっとするかも」「あぁ、じゃあやめなさい」というひと言、最終判断はいつも母に委ねていた。

自家製瓶詰めをつくることで、誰かに保証された〝賞味期限〟のない瓶詰めとの付き合いが始まった。

# 8

# 古物市で買うお皿

## ―*l'âme*のはなし―

ここで少し、食材から離れたお話を。

最初に暮らしたトゥールは15世紀に一時的に首都になったこともあり、周辺にはかつて王侯貴族が建てた城が残る、古城巡りの拠点ともなる街だ。そんな歴史があるゆえ、「アンティークのオークションに行くと、ガレやドームのランプが驚くほど手頃な価格で競売にかけられているわよ！」と、リタイア後に渡仏し、トゥールで暮らしていた日本人のマダムが教えてくれた。でも、まだ大学を卒業したばかりの私には、自分でガレやドームのランプを買うことが現実的ではなく、そのときにはさほど興味がわかなかった。それで、母に伝えただけだった。

パリには、オークションに行かずとも、クリニャンクールの古美術商やヴァンヴの蚤の市のように気軽にのぞける古物を扱う市がある。

初めて旅行で訪れたときには、古着を見てまわった。バーバリーのツイードのコートをクリニャンクールで見つけ、袖を通してみると少し大人になった心持ちになり、結構重さのあったそのコートを買って帰った。

暮らすようになってからも初めの頃は古着を見ていたのだが、次第に生活まわりのものへと興味がうつっていった。

最初に古着以外の買い物をしたのは、ヴァンヴの蚤の市だ。

料理学校に通っていた頃、花瓶として使える緑がかった厚手のガラスの瓶が欲しくなり、ある週末に出かけた。それ以外に何かを買うつもりなんてなかったから、帰りには近くに出ているマルシェに寄って帰ろう、くらいにのほほんと向かった。

目につくものがあったら手にとって見て、店の人が出自などを説明してくれれば耳を傾け、値段を聞いて……というのを繰り返しながらほぼ道の端まで行ったところで、地面に広げた敷物の上に無造作に置かれている、きれいな薄いブルーで柄の描かれた皿が目に入った。見た途端に〝あ〜明太子スパゲッティが食べたいな〜これぴったりだな〜〟と頭の中にはよそったイメージまで思い浮かんできて、しゃがみこんで手に取り、しばらく眺めていた。その皿は8枚あった。でも、私は8枚もいらない。直径が25センチほどのクルーズ皿で、なかなか大きい。1枚ずつでも売ってくれるのだろうか。あまりにも長いことしゃがみこんでいたからか、店主がやってきて説明をしてくれた。「それは状態も良いし、おすすめよ。サルグミンヌっていうドイツ国境近くの町の陶器ブランドで、１９００年くらいのもの」と言われたはずなのだが、なにせ蚤の市初心者、何の知識も持ち合わせておらず、〝ドイツって言ったよなぁ？　国境近くの町って言ったよなぁ？〟〝１９００年って１００年前なんだけど、これそんな古いの？？〟と、確かに思えないことばかりだった。それで、自分のフランス語力が足りなくてたぶん聞き間違えてる、そうに違いない、と思った。ただ、裏を返すとsarregueminesのサインと数字の刻印も入っていて、いかにも古そうなのは古そうだ。それでも「考えます」と言って皿を元の場所に置き、そのスタンドを離れた。もうこのやりとりだけで、背中にも脇の下にも汗をかくほどに緊張していたから、少し落ち着きたかった。

そこはちょうど蚤の市の真ん中あたりで道を曲がるとあと半分が残っていたので、右に左に先々まで続く露店を覗きながら、頭の中ではサルグミンヌの皿のことを考え続けた。何が良いものか、価値があるものかわからず、〝あとになって、店主が言っているメーカーのものではないと分かったりしたらショックだな〟〝いや、でも自分が気に入ったのならそれでいいんじゃない？〟など、ごちゃごちゃと思いが交錯した。

出た結論は、１００年前のものなのかも、sarregueminesという陶器メーカーのこともわからないけれど、あのお皿はとても綺麗だったし、たしかに状態は良く、何よりも私はすごく気に入った。自分が気に入ったのだからそれでいい、ということだった。もし、まだ売れていなかったら値段を聞いてみよう、と先のスタンドに戻ることにした。皿はまだあった。

「これ、おいくらですか?」

「１枚60フランで、８枚あるから４８０フラン」

１フラン=約20円として、１枚１２００円かぁ。初心者には、それが高いのか安いのかもわからない。けれど、ふつうにインテリアショップで売っている皿と比べても、決して高くない。でもなぁ、８枚は多いなぁ、と思っていると、

「８枚買うなら、４００フランでいいわよ」

と、マダムが値段を下げてきた。それで心が決まり、

「やっぱりいいです。８枚は、私には必要ないから」

と、伝えると、

「何枚欲しいの?」

「６枚」

勢いで答えてしまい、焦った。〝え？　6枚？　本当に？　5枚で良かったんじゃ……〟と自問して、またもや、密かに汗をかき始めていると、

「じゃあ6枚で、300フランね」

あれ？？　360フランじゃないの？　6枚しか買わなくても1枚50フランにしてくれるの？　と狐につままれたような気がしながら、300フランを支払った。

6枚の皿が入るような袋を持っていなくて、新聞紙で包んでからヨレヨレのビニール袋を何重にもしてもらい、大切に抱えて家まで帰った。

家に着くと、さっそく包みを開けて洗った。きれいにしながら、なんとも奇妙な思いがした。

〝仮に100年という時間をこれらの皿が過ごしてきたとして、これまでに何回洗われてきたのだろう？〟〝100年前といったら、日本ではまだ明治時代で、食器を洗うのはお湯ではなくおそらく水で、洗剤は？　粉石鹸かな？　どういうふうに洗っていたのだろう？〟と洗剤の泡を纏っている皿を手に、次々と知りたいことが湧いてくる。その頃住んでいたステュディオの台所のシンク

は陶器製でおまけにものすごく小さく、幅が皿の直径と大差なかったから、100年を割ってはならないとそれはそれは慎重になった。

〝かつてこの皿を所持していた人たちは、何をよそって食べていたのかなぁ？〟

〝でも、きっと誰も、この皿で明太子のスパゲッティは食べてないよね〟

洗い終わり、拭きながらもまだ、皿の経てきた100年という時間を考えて、心は時空をさまよっていた。

そんなふうに過去に思いを馳せたことはなかったから、不思議というよりは、奇妙だった。

軽いタイムトラベルをしたような錯覚。

時がずっと繋がっていることを、連なっていることを手の内に感じた束の間だった。


その皿を日常的に使い始めると、手にとってもタイムトラベルを錯覚することはなくなったけれど、たとえば美術館で20世紀初頭の食卓を描いた静物画を見たときに、額の中の世界をよりリアルに、そこに存在したものとして感じ取るようになった。

皿ひとつで、過去の捉え方が広がり、さらにそこから今までの時の連なりを感じて、自分の人生の時間軸に新たな側面が加わったような気がした。その変化は私にとって、とても心地よいものだった。

フランスで古物を買える場所には4種類ある。

まずは、毎週末決まった場所に立つ、パリだとヴァンヴのような蚤の市。そして、古物商として店舗を構えているところ。それから、数日間会場が設営され、入場料を支払って訪れる「サロン」と呼ばれる市。もうひとつ、街中の広場や通りで催されるブロカント（古物市）だ。この4つめのタイプは、ガレージセールと古物市混合の場合があり、そうすると出展されているものは古物に限らず、場合によってはガラクタ市の様相が強くなる。

いずれにしても、古物に触れられる機会は日常的にあり、週末に散歩をしていると思いがけずブロカントに出くわすこともたびたび。時間が許せば足を止め、気になった器やグラス、カトラリーがあれば手にとる。感触を確かめるように手にした物との対話をしばらく図っていると、様子を見ていた店主がその品物の出自を教えてくれる。そんなことが幾度となく重なり、本当に少しずつ、時代性や自分の好みを知っていった。

いつの間にか、パリにとどまらず、地方でもブロカントを見かけると必ず立ち寄るようになった。

あるとき、出張で出向いたノルマンディーの港町で、小さくて古物ならではの優しく懐かしい色調に満たされた、アリババの洞窟のような店に出合った。食器棚にはきれいに畳まれたリネン類が重なり、衣装棚にはレースやコットンのブラウス、天井からはいくつも籠が吊るされ、食器はテーブルの上だけでなく床にも所狭しと積まれている。状態の良いものがほとんどで、パリよりもずっと値段は手ごろ。その街に滞在中は何度も足を運び、最終日に、花柄のデザート皿をまとめて買うことにした。

支払いをしながら「この値段ではパリではなかなか見つからない」と伝えると、それはね……と店主は興味深い話をしてくれた。ノルマンディーにはパリジャンの別荘が多く、貴族の邸宅だったところもある。そういった家の主が亡くなって、家を相続せずに売却すると決めた遺族は、家の中にあるものを全部買い取って欲しいと依頼をするらしい。家具からリネン類、食器、カトラリーまで大切に扱われていると、どれもがとても良い状態で手に入るという。また、まとめて買うことで仕入れ値を抑えられ、売値も手ごろになるようだ。

こうしたケースは地方に限ったことではないと後で知った。数年前に北の街、アミアンで開催された大蚤の市で、大きなランプシェードを買おうか迷ったときのこと。気に入るものが見つかったら付けよう、と何年もリビングとダイニングを裸電球にしたままで過ごしていたので、ひと目見て気に入ったその対のランプシェードはできることなら欲しい、と思った。が、高さが50センチほどあり、大きさのわりには繊細なつくりをしている。その日は、残念なことに車ではなく、パリまでの帰路は電車だった。手持ちで運ぶには無理がある。諦めようとすると、「急いでいないならパリに行くときに配達するよ。15区にあるアパートの持ち主から全部引き取ってくれという依頼がきていて、2〜3週間後に行くことになってるんだ」と店主に言われた。パリで？　と、少し驚いて、そのような依頼は結構あるのかと尋ねてみると、「ある」と言う。

かつてノルマンディーの古物屋で聞いた話は、地方の別荘や邸宅に限ってのことだとすっかり思い込んでいた。そうではないのだ。

主がいなくなった、その主の所持品だけが残った家を想像した。たとえ、全部は売り物になり得なかったとしても、それでも大半が誰かの手に渡り受け継がれるならば、物ひとつひとつに刻まれてきた時は、引き続き紡がれていく。もし、それまでの日々は埃を被ってどこかにしまわれたままになっていたのだとしても、見知らぬ人の手に渡ることで、物は息を吹き返すかもしれない。

処分するのではなく、古物商に引き取ってもらうことで繋がっていく時間。20年パリで暮らすうちに、蚤の市などで買い集めたサイドテーブルや小さなキャビネットは、新品で買った家具とは佇まいが違って、息をしているように感じることがある。それはまるで、人生ならぬ物生を静かに送っているかのようだ。物もいろいろな人とともに様々な場所で年輪を重ね、過ごしてきた時をオーラとして纏っているように見える。

レストランの取材をしていると、たびたび聞くフレーズがある。

「ここには l'âme があったんだ」

l'âme（ラーム）というのは「魂、生命」、英語だと soul（ソウル）に当たる言葉。

オープンした店の方に、どうしてこの場所を選んだのかと尋ねるとしばしば返ってくる答えだ。たとえば、80年くらい前からビストロとして存在してきた場所だとか、その昔は缶詰の工場だったとか、ケースはさまざま。「ここにはラームがあったんだ」というのは、その場所に魂が宿っていると感じたから選んだ、と意味する表現になる。

もしくは、こうも耳にする。

何かしらのオブジェや新しくできた店の話をしているときに、「いいんだけど、何かが足りないんだよ、何かが…… そう、l'âmeがないんだ」なんていうふうに。

どちらも、物や場所に〃魂が宿る〃という感覚。

この感覚を持っているから、パリには、古くから続いてきた店をそのままの姿で買い取り、時にはメニューも店名も同じままで受け継いでいこうとする経営者が、少なからずいるのかもしれない。

食器やリネン、家具、そして建物、場所までが引き継がれていき、それぞれがさらに時を纏っていく。連綿たる時の流れは、日常生活のそこかしこに潜んでいる。

ブロカントで見つけた皿に旬の素材を盛りながら、私は皿の上にいまを刻む。

# 9

# マルシェに通う
# そのワケは

パティスリーのクラスだけを受けるつもりで通い始めた料理学校だが、結局、その翌年に料理のコースも受講することにした。もともと、家庭料理をつくれるようになりたかったから、フランス料理を基礎から学びたいとは思っていなかった。

心変わりのきっかけは、ある日の食事だ。

製菓コースの学生だった私は同時期に入学した料理コースに在籍する友人と一緒に、フランス料理のレストランに出かけた。メインの魚料理を食べているときに、このソースの味は何なのかなぁと思いながら「何が入っているかわからないけれど、醤油でも入っていそうな味だね」と深く考えずに呟いた。すると友人が、「あっこちゃん、これ、たぶんだけど、すごくクラシックなソースで、〇〇を煮詰めて△△を加えたものだと思うよ」と、言ったのだ。

これは衝撃だった。説明をしてくれた〇〇も△△の味も、私には想像できなかった。知らないものだったから。へ？　そうなんだ⁇　と呆気にとられる中で、〃知らない味を食べたときに、それが何でできているかを想像するのは、知っている味の中からしかできないんだ〃という当たり前のことに気づいた。これは大変だ。この店のメニューにある料理のおそらくほぼ全部に私の知らない味があって、それらの味を知りたかったら全部食べなくてはならない。いくらお金があっても足りないし、食べたところで実際につくる以上に味の構成がわかることはないから、これは学校で基本的なことを学ぶのがきっといちばん早い。そう考えて、料理のクラスも受講することにしたのである。

このようにして料理を学び始め、すぐに日常生活で実用できたのは、鶏ガラを使うことだ。

鶏をさばけるようになったおかげで、いつでも鶏ガラが手元に残る。そのガラを利用して鶏の出汁をとることが楽しくて仕方がなくなった。家で簡単に鶏のフォーができる。鶏ガラを使えば、スープもカレーも味が段違いだ。この違いを体験したら、もうキューブのスープの素には戻れなかった。

マルシェの家禽専門店では、一羽買わずとも、たとえばモモ肉を数本買えば、ついでにガラも欲しいと言うと無料でくれたりするのだが、同じマルシェでも鶏を飼育している農家から買おうとするとそうもいかない。彼らが育てて、しめた数羽を売っているだけだから、買うなら丸ごとである。でも、この農家産の鶏を初めてさばいたときには、本当に驚いたのだ。骨や軟骨の強さ、そして身の締まり具合が、中央市場で仕入れてきたものを売っている家禽専門店のそれとは全く違う。走り回っていたらこんなふうに強くなるんだなぁと感心するばかりで、特に鶏ガラを使いたい時には農家産のものを求めるようになり、毎回一羽丸ごと買っていた。が、ある朝、半身でも買えるかと聞いてみたら、買えると言う。ならば二分の一羽分ください、と伝えると「ハツとレバーとどっちがいい？」という質問が返ってきた。一瞬考えてから「ハツ」と答えたのだが、そう口をついてから戸惑ってしまった。ハツを肋骨の内側のくぼみに置いて無造作に紙で包むムッシュの動作を見つめながら〝いや、もちろん一つしかない部位だから言われていることはとても良くわかるけれど、そうか、鶏を二分の一羽分買うってそういうことだよね〟と、身に沁みた。

こんな思いもよらない会話で得る気づきに毎回、心が弾む。だから、マルシエに通うのだ。

対して、お決まりのやり取りの中にも、やはり、そのたびごとに嬉しくなるちょっとしたことがいくつもある。

果物ならこうだ。メロンや桃を買おうとすると「いつ食べるの？」と聞かれる。「今夜出したい」「週末かな」などと伝えれば、熟し具合を手で触り選んでくれるのだ。２つ買う場合には、ひとつは明日、もうひとつは2～3日後とリクエストすれば、片方にシールを貼って先に食べたほうがいいのはどちらかわかるようにしてくれる。オレンジは、食べる用かジュース用かを伝えて買うのが通例で、みかんなら「甘いのがいい？　それとも、酸味もあるやつ？」と好みを聞かれ、その上で産地や品種の異なるものを勧められる。

いつもりんごを買っている農家のスタンドでは洋梨も売っていて、説明がとても丁寧だ。「これはもう十分熟しているしすぐに食べられるけれど、こっちは3～4日は待たないとだめ。室温で保存してね。そっちの種類は大丈夫、もう食べごろ」。こんなふうに聞くと、日ごとに変わる風味を楽しみたくて、全種類買うことも度々である。

野菜と同じくらいのボリュームで果物を扱う店では、産地違いで3種類ほどのサクランボやイチゴを揃えていることもあり、どう違うの？　と聞くとひとつずつ味見をさせてくれる。試食用が用意されているわけではなく、お客さんとのやりとりでごく自然に差し出されるのだ。いちばん高いものが自分好みとは限らないし、味見をすると納得できる分、買うことに躊躇しなくなる。

精肉店では、買う部位を迷っていると「どうやって料理するの?」「どうやって食べるつもり?」と聞かれる。「一晩ワインに漬け込んでから煮込む」とか、「ハーブと一緒に蒸し焼きにする」などと伝えれば、だったらこれがいい、と用途にあった部位を勧めてくれる。いずれも塊のままショーケースに並んでいて、欲しい分だけ切ってもらう。「焼いて食べる」と言えば、ステーキに良い部位をいくつか見せてくれた上でステーキ用にスライスしてくれるし、具体的に何グラムかイメージが湧かなければ、2人分とか6人分と人数を伝えるとだいたいの量を見繕ってくれる。店の人は、切り始める前に肉に包丁を当て、厚さやボリュームを「これくらいでいい?」と示し、尋ねてくる。だからなんの心配もないのだけれど、やはり、一人分の想定量は日本よりも多い。たとえばステーキ用に肉を買おうとしていて、店頭に残っている塊を量ってみたら360グラムだったとする。もし2人分とすでに伝えていたなら「これじゃ、ちょっと少ないね」と新たに大きな塊から切ろうとするだろう。一人分は200~250グラムくらいとして考えている印象だ。

シャルキュトリー（豚肉加工品店）でハムやベーコンを買うときにも、毎度やり取りが発生する。

「ハムを何枚かいただけますか？」

「ハムね。どうする？」

「どうする？」と聞かれたところで、はじめは何を意味しているのかさっぱりわからなかった。ハムでもベーコンでも、ショーケースには塊で陳列棚に並んでいる。ハムなら、店の人がまず1枚スライスして「これくらい？」と見せてくれるので、厚みを確認しているのだなとすぐに理解できた。

けれどベーコンは、ハムよりも難易度が高かった。ハムで学習していたので、最初の頃は親指と人差し指で、これくらいの厚さに、と示していた。私は厚みのあるベーコンをしっかり焼いてサラダやパスタと和えるのが好きなので、いつもだいたい1センチ弱の厚さに切ってもらう。出汁代わりに使うときには、5センチほどの厚さの塊でもらうこともある。ところが「どうやって食べるの？」と聞かれたことがあった。きょとん、としていると、「ポワレ（フライパンで焼く）？　それともラルドン（背脂を棒状に切ったもの）？」とさらに聞かれた。ポワレは焼き方だけれど、転じて〝スライス〟の意味だろうと察し、「ポワレ」と答えた。でも、果たしてマダムの言う〝ポワレ〟がどれくらいの厚みを指すのかわからない。いささか不安になっていたら、それベストだよ！と膝を打ちたくなるような、そのまま焼いたら実においしそうな、3〜4ミリの厚さにスライスしてくれていた。

ハムは、何枚か欲しいと伝えたあとにこちらが何も言わずにいると、たいていの場合「モワイヤン（＝厚くもなく薄くもなく）？」と聞かれる。しばらく、私は、「ウイ、モワイヤン」と答えて買っていた。もし、見本として切ってくれた1枚が、想定していたよりも薄めだなと思ったら「その薄さなら8枚じゃなくて10枚ください」と、枚数を増やしてもらう。少し経験を積んでから、「どちらかというと厚めで」とか「薄く」とオーダーすることもできるようになったが、基本的には〝厚くもなく薄くもなく〟のラインで済ましていた。それがある朝、イタリア食材店で前にいた人がハムを注文し、「シフォナード」とリクエストするのを耳にした。すると、平らにきれいに広げるのは難しいくらいの極薄にハムがスライスされていくではないか。切り落とされたままにくしゅくしゅっと丸まったハムがシート一面に連なった図はとてもきれいだった。

なるほど！　本当にシフォンみたいだ、と感心し、自分も同じように注文してみたくて、それからしばらくは「シフォナード」と指定してハムを買っていた。

マルシェは毎日やっているわけではないし、土・日の11時前後はとても混雑する。それでも大空の下、ずらーっと露店が連なるのはそれだけで楽しく、週に2～3度しかやっていないことで生活の中に〝買い物に行く日〟というルーティーンもできる。

こんなことがあった。ある友人が、「明日は実家に帰るから、夜ごはんは魚だな」と呟いた。「あなたが帰るときはお母さん、魚料理をつくるの？」と聞くと、「いや、明日は家の近くにマルシェが出る日なんだよ。マルシェの日は魚なんだ」と言う。〝買い物の日〟というだけでなく、献立にもルーティーンが生まれるようだ。

マルシェの店の人は客が前回買ったものを不思議なほどよく覚えている。前述のイタリア食材店に並んでいたある日、隣にいた30代半ばくらいの女性が、前回買ったサラミをまた欲しいのに、どれだったか忘れてしまったようだった。

接客をしていた男性スタッフに「彼女だったら、たぶん覚えていると思う」と女性の店員さんを指した。男性が彼女を呼び、このマダムが先週買ったサラミって……と聞くと、「あぁ」と即答でひとつのサラミを示した。「そうそれ！」と隣の女性は目当てのサラミを認めると、「これをルッコラと一緒にね……」とどうやって食べたかを説明し、どれだけおいしかったかを興奮気味に話し始めた。まだ早い時間で、並んでいるお客さんもそれほどいなかったから、店員さんもニコニコして聞いていた。

お目当てのサラミがスライスされ計量も終え、店員さんが包みを折り畳もうとしたところでその女性が「あ、それ！」と待ったをかけた。そして「1枚だけいまもらえる?」とつまむ仕草を見せた。男性が包み紙ごと差し出すと、紙の上に並べられた1枚を軽やかにつまみ上げそのまま口へ一直線。思わず目で追ってしまったその食べ方は、躊躇も遠慮もなくて潔かった。見ていて悔しさが込み上げてくるぐらいに、真摯でおいしそうだった。

加工品だけでなく豚肉もよく買っているシャルキュトリーのムッシュも、よく覚えているひとりだ。初めて買ったテリーヌがとてもおいしくて翌週も買いに行ったものの、名前が思い浮かばずにいると「これを買って行ったよ、グリーンペッパーが入ってたでしょ?」とすぐに答えてくれた。「そう! グリーンペッパーが入ってた」と思い出して、それから頻繁に買うようになった。ただ、必ずしも毎週手に入らない。この店は、卸から仕入れているのではなく、100%ではないけれどほぼ自分たちでつくっているそうで、テリーヌは売れ行きを見ながら仕込みを調整している。「ああ、今週はこっちのテリーヌをつくったんだよ。あれは、また来週かな」なんて言われることも、ままある。気に入ったものがいつもあるわけじゃないと、「今日はあった!」と見つけた時には嬉しさが倍増するから、毎週、自ずと足が向く。

ある土曜日、テリーヌ型の中で残りがわずかとなっている例のグリーンペッパー入りを買おうとすると「いつ食べるの?」と聞かれた。「明日のお昼かな」と答えると、「だったら、こっちにしたほうがいい」と別のテリーヌを指さす。どういうことだ? と思っているのが顔に出ていたのだろう、ムッシュが言った。「このテリーヌは火曜の午後に仕込んだんだよ。だから今日帰ってすぐ食べるなら、まだおいしい。でも、明日のお昼用に買うのだったら、こっちがいいよ。昨日つくったばかりだから。週明けでも全然問題ない」。

こっちの新しい方にしなよ、と勧めるなんて親切だ。前につくったものを売り切ってしまいたいだろうに。そんなふうに言われたら、つくりたても食べたいけれど、味がじっくり馴染んでいるにちがいない今日中に食べきった方が良いテリーヌも気になってしまう。ならば、とどちらも買った。実直なムッシュのテリーヌだ。きっと、残り物には福がある。

Miel de Printemps
500g

右ページ上／使い込まれた木箱で売られているのは、
格下げ品のりんご。生産者のスタンドで。

右ページ下／6月初めにお目見えした春のハチミツ。
ハチミツも季節の産物と実感した。

鶏を飼育している生産者から、半身を買うところ。

# 10

## おいしい薬
### ―ハチミツ―

子供の頃は匂いが嫌いで、給食でハチミツが出ると誰かにあげていたし、ホットケーキにかけるのもメープルシロップだった。中学1年の時に部活で、試合の日には上級生のためにレモンのハチミツ漬けをつくって行かなくてはならず、大きなタッパーいっぱいに用意していたら、レモンが多ければ、ハチミツとの組み合わせも嫌ではなくなった。それでもやはり、ハチミツを自分から欲することはなかった。

そんなハチミツが、フランスで暮らし始めてから、私の生活に必需品として加わった。

フランス生活も2〜3年たった頃のある週末、風邪をひいて寝込んでいたら、友人がお見舞いに来てくれた。料理学校で製菓を学びながらも、それまでマルシエに行こうとしなかった彼女は、その日、マルシエ・デビューを果たしたと言う。彼女の家の近くにはとても良いマルシエが出るので、「行ってみなよ」と何度も勧めていたのだ。でも、初めてのマルシエでの買い物に彼女が出向いたのは、近所ではなく、規模の大きいバスチーユの方だった。

「あんな、あっこちゃん、ハチミツ嫌いやろ？　だから（自分では買わないと思って）買ってきてん。これが喉にいいって、たぶんやけどな、（店の人は）言ってたと思う」と、彼女が取り出したのはタイムのハチミツ。「うん、ハチミツ嫌い」と言うと、「せやんなぁ。でもな、薬やと思って。飲んで体に悪いものじゃないから、ハチミツレモンにして飲んでみて〜」。そう言われても瓶に手を伸ばそうとしない私に、まるで母親のような強引さで、「つくったげるわ」と彼女は用意をはじめた。うわぁやだなぁ〜、と思ったけれど、なかなかマルシェに行こうとしなかった彼女が初めて出かけ、ハチミツ屋のスタンドを見つけていろいろと聞きながら買ってきてくれたのだ。そのことはとても嬉しくて、飲むしかないな、と腹を括った。レモンの味が強ければたぶん大丈夫。

マグカップにつくってくれたホットハチミツレモンを飲むと、それほどハチミツの匂いはしなかった。「これ、あんまり匂いしないね！　これなら大丈夫、飲める！」よかったぁと思いながら言うと、「あれ？　ほんま？　じゃあ、足りてへんわ。ちょっと貸して」とカップを奪おうとした。「え?!」と驚く私に、「匂いも感じひんてことは、足りてへん証拠やん?」と平然とカップにハチミツを足し、「はい！」と再度、渡された。飲んで「すごい匂いする」と言うと、「ほんま?　よかった〜。効くよ〜」と嬉しそうだった。

しぶしぶ飲んだホットハチミツレモンだったが、これが、効いた。喉の痛みが治まりだいぶ楽になったのだ。私は胃が荒れやすいので、薬を飲むときには胃薬も併用するのが常だった。だから、薬はあまり飲みたくない。ハチミツの匂いには、ホットハチミツレモンを飲むごとに慣れていった。相変わらずハチミツだけを口にする気にはならないけれど、ハチミツと薬を天秤にかけたら、ハチミツを選ぶようになった。何より症状が楽になるのはありがたい。

それからは、ハチミツを買い置きするようになった。田舎に出かけると食材屋ではたいていハチミツを売っている。その土地で採れたものは〝山のハチミツ〟〝森のハチミツ〟などとラベルに書かれ、ほとんどが濃い飴色だ。マルシェを覗けばその地方の養蜂家のスタンドが出ていることも多い。ノルマンディー地方の海辺の町ドーヴィルのマルシェではりんごのハチミツを見つけた。シードルの産地であるノルマンディーならではだなぁと嬉しくなり「初めて見ました」と伝えると、歯痛を鎮める効果があって歯茎に塗るのよ、と教えてくれた。私は子供の頃から虫歯がなくて、その効能を期待して買う必要はなかったのだが、試食したら、軽やかな味が食べやすく、気に入って購入した。つくり手からこんなちょっとした話を聞くとその度に心が踊り、買いたくなる。親しい誰かにその出合いごと話したくて、誰かの分まで買ってしまう。そうして持ち帰ったハチミツは、レモンをスライスしてハチミツ漬けにする。トーストにのせたり、ヨーグルトにかけたり、夏は炭酸水で、冬は湯で割れば簡単レモネードができる。

と、あるときふと思いつくことがあった。私は、幼い頃から気管支が弱く、季節の変わり目や温度変化が激しかったりすると、かなり咳き込む。夜、寝るときにはよりひどくなるので、母がよく、す〜っとして呼吸が楽になるクリームを胸に塗ってくれた。そのクリームにユーカリの成分が含まれていたことを思い出したのだ。それで、ユーカリのハチミツにももしかすると同じ効果があるのではないかと思い、家の近所のマルシェに出ているハチミツ屋へ買いに行った。すると、定番のアカシアをはじめ数種が並ぶものの、ユーカリのハチミツは見あたらなかった。「ユーカリのハチミツはフランス産じゃないよ。フランスでは採れない」とムッシュが言う。咳が出るときに楽になるんじゃないかと思って、と伝えると、咳だったらサパン（もみの木）から採れるハチミツがいいよ！　と教えてくれた。たしかにモミの木はす〜っとしそうだ。試してみようと、その日はモミの木のハチミツを買った。

調べてみると、ユーカリのハチミツは、咳を抑える働きがあり、呼吸器系の感染、気管支炎、結核、喘息などに効果があるとわかった。モミの木のハチミツも同じく、呼吸器の病気に対し効力があるそう。2つのハチミツともこれ以外にいくつも効能があり、モミの木の方は貧血、鼻炎、咽頭炎にも良いと知った。ただ、ハチミツ屋のムッシュが教えてくれたように、ユーカリの木はフランス国内だとプロヴァンス地方とコルシカ島に生えているものの、ハチミツを採取するほどには数がないようだ。近場で生産されているものを手に入れるならスペイン、イタリア、ポルトガル産になる。対してモミの木のハチミツは、ヴォージュ、ジュラ、オーヴェルニュ、そしてピレネー地方が主な収穫地。少し生成の工程を異にするモミの木のハチミツの元は、花の蜜ではないらしい。アブラムシなどの昆虫が樹液を吸って分泌する糖液をモミの木の葉や幹に残し、ミツバチはそれを集めるそうだ。

数年前にオーヴェルニュ地方を車で移動したときに、モミの木の森を駆け抜けた。フランスの地方を巡ると、スタジオジブリ作品の中に登場しそうな景色に時おり遭遇するが、そんな場所だった。途中で車を停めて外に出たら、空気がすでにす〜っとしていて、深呼吸しただけで肺の中がきれいになりそうな気がした。冬に向かう気配を感じる10月のことで、雪が降ったら幻想的な風景に様変わりするだろうと想像できた。そのあとに訪れたレストランには地元産の食材を売るコーナーが設けられており、ハチミツも並んでいた。数種ある中にアンバー色をしたモミの木のハチミツを見つけ、3瓶ほど購入した。

喉に異変を感じたり咳が出始めたときには、お茶やコーヒーの代わりに、湯にハチミツを溶き、あればレモンを少し搾って飲む。完全に咳が止まらなくても呼吸はだいぶ落ち着くし、甘い湯をゆっくり飲むことで気持ちもほっとする。

パリにはハチミツ専門店がいくつかあるので、そこに行けばユーカリのような、フランスでは採取できないハチミツも探すことができる。デパートの食品館ではメーカー違いでたくさんの種類のハチミツが揃うし、修道院が運営するショップでも多種売られている。

私がここ数年、パリで買っているハチミツは、ブルゴーニュ地方から毎週マルシェに売りにやってくる養蜂家のものだ。種類は少ないのだが、つくり手から直接買えることが、私はやはり嬉しい。

今年の6月のはじめに、ストックが切れてしまった菩提樹のハチミツを買いたくて立ち寄ったときのこと。見慣れないラベルが目に入った。こちらで売っているのは通常、アカシア、菩提樹、栗の木の3種なのだが、そのラベルにはmiel de printemps（春のハチミツ）、と書かれている。「これ、春の花から採ったハチミツなのですか？」と聞くと「10日前に採取したばかり！ だから採れたてだよ！」と笑顔で答えが返ってきた。花の咲く時期が、蜜の運ばれるときと一致するのは考えてみれば至極当然だけれど、この〝春のハチミツ〟に出合うまでそんなことを考えたこともなかった。ハチミツも実は、季節の産物だったわけだ。春の花の蜜ならば、湯に溶いて飲んでいたら多少は花粉症への抗体もできるだろうか。そんなこともちらっと期待して、まずはひと瓶買ってみることにした。

春のハチミツは、名前から受ける印象そのままに華やかな香りをたたえ、クセのないフレッシュな風味にクリーミーで濃厚な口当たり、ヨーグルトやフロマージュ・ブランと相性が良さそうだ。もちっとした日本の食パンにも合うだろう。

この〝春のハチミツ〟はまた別の形でもおいしさを発揮している。

ある朝、いつもの養蜂家のスタンドに置かれたパン・デピス（ハチミツと、丁子やシナモンを入れてつくるケーキ）に目が止まった。とっても艶やかで、黒糖蒸しパンのように見えた。なんともおいしそうな様相に、試さずにはいられなくなり、つい買ってみた。それまで、パン・デピスを自分のために買うことはなかったのだが、黒糖蒸しパンは大好物だ。家に帰るとすぐに味見の用意。蒸しパンのイメージがすでに自分の中で渦巻いていたから、合わせるのは牛乳だな、とカップに注ぎ、パン・デピスを2センチほどの厚さに切る。表面に触れただけで期待が高まった。ぺとっとしている。カステラや蒸しパンが大好きな私には、このちょっとぺとっとした生地はまさに好み。食べてみると、肌理がいささか粗い。その粗さが私にはなお好ましく、ハチミツの風味はしっかりするけれども強すぎず甘ったるくもない。敢えて言うなら、ふわぁっとやわらかいだけではなくてほんの少しハードな印象もあるから、牛乳よりもコーヒーだったな、という私の選択ミスだけで、とってもおいしかった。表面はぺとっ、中はしっとり、そして適度な肌理の粗さと弾力、最高に好きな質感だ。

パン・デピスは日持ちがするし、ハチミツ好きは意外に多いからおみやげにしたくて結構試してきたが、どれもぼそぼそしている印象で、自分のためにも買いたいと思うパン・デピスには出合ったことがなかった。ようやく見つけた。あまりにおいしかったから、翌週また買いに行った。

どこかから仕入れているのかと思ったそのパン・デピスは、なんと、スタンドに立っているお兄さん本人によるお手製だった。全分量の50%がハチミツらしい。何のハチミツを使っているのかと聞くと、「春のハチミツ」だと言う。

ハチミツはどれも消化を助ける働きがあるとされるけれど、その効果か、砂糖でつくったパウンドケーキに比べずっと胃に響かなくて、朝ごはんに分厚く切って食べるのがすっかり定着した。

パッケージはなく、ラップにくるんで渡してくれるいかにも手作り然とした養蜂家のつくるパン・デピス。いまでは帰国する日に合わせて1週間前に注文し、30センチ四方型の大きさのまま買って、ハチミツ好きの友人たちの顔を思い浮かべながら日本に持ち帰っている。

# 11

# 畑から食卓へ

マルシェにカゴを持って買い物に行くことは、フランス生活での憧れのひとつだったから、一人暮らしを始めると同時に、喜び勇んでマルシェへ通った。特に、袋詰めされていない野菜が嬉しかった。日本のものの3～4倍も大きいナスやピーマン、山と積まれているレタスとその仲間、見たこともないボリュームで束ねられたハーブ、専門店まであるジャガイモなど。毎週、行くたびにワクワクした。

ボリュームに驚いてペーストをつくり始めたハーブと同じく、ひと玉が日本のものに比べ2～3倍はあるレタスなどの葉野菜もまた、いかに食べ切るかを工夫したものだ。

葉物は火を通すと途端に嵩が減る。レタスは中華のように湯引きしたり、鶏出汁のスープで煮麺をつくるときに加えたり、さっと湯通ししたものをぎゅっと絞って甘酢ダレとゴマで和えたりと、サラダ以外での出番が増えた。チャーハンの具としてもよく用いる。

キュウリもとても大きくて、長さは30センチくらい直径も4～5センチあり、キャベツの直径も25センチくらいと立派。それで雑誌『dancyu』の唐辛子特集に掲載されていたレシピを参考に浅漬けキムチを仕込んだ。

学生時代を含めパリ暮らしの初期。２００２年くらいまでの３〜４年は、私のマルシェ活動第一段階だ。

２００１年の12月で学生を終えると、２００２年から仕事を始めた。すでに２００１年の秋から日本の女性誌編集部のパリ支局でアルバイトをし始め、外食をする機会がぐんと増えていた。幼少期からずっと食いしん坊だったが、当時の私は人生最大の食欲旺盛期に突入していて、食べることに貪欲だった。活躍中のジャーナリストやコーディネーター、支局長たちはおいしいものが好きで、話題のレストランにも興味がありチェックは欠かさないものの、量はそれほど食べない。そんな彼女たちから私に、〝食べるアシスタント〟としてたびたびお声がかかった。

料理を学んでいたことと食欲が買われてか、フードシーンを取材する仕事も入るようになり、いつしか原稿も書くようになった。

そうして、しばらくの間、私の人生は〝食べるスケジュール〟で埋められることになる。

取材をしながら、パリにおける食のシーンが少し変わってきたように感じたのは、2003年あたり。

アルザスの三ツ星シェフがパリにオープンしたビストロで、野菜を主役に、肉や魚を付け合わせとしたメイン料理を打ち出した。メニューには、まず野菜が書かれ、そのあとに肉と魚が続く料理名が並んだ。

それまで、ビストロで出される料理は、付け合わせの野菜に比べ、肉・魚のボリュームが圧倒的に大きかった。そして付け合わせの定番はジャガイモ。ピュレ、フライ、ソテー、ロースト、グラタンと調理法は違えど、とにかくジャガイモがどこにでも顔を出した。

2004年に入ると、イートインスペースを設えたエピスリーが出現し、店内で食べられる料理と同じ素材でつくった惣菜やジャムなどの保存食品、またそれらの材料でもある野菜や果物自体も買うことができるようになる。レストランでも、野菜だけで構成したひと皿をメニューに加える店が出てきて、従来よりも野菜の鮮度を押し出した料理が登場した。

野菜への注目がたかまり、畑から食卓への距離が縮まりはじめていた。

そういった店を取材する中で、何度も名前を聞く野菜農家がいた。

ジョエル・ティエボーさん。16区に立つマルシェに出店しているという。

「他の店とは全然違うから行けばすぐにわかるよ」と聞きすぐに行ってみると、それまでにも何度か前を通ったことのあるスタンドだった。馴染みのない野菜がいくつもあり、野性的な風貌をしている。これまで遠巻きに見ながらも通り過ぎていたところに近寄ってみると、特にハーブの勢いがよかった。ラディッシュもニンジンの葉っぱも捨ててしまうのが惜しいほど生き生きとしている。いずれも形はふぞろいで、葉のついたまま売られている野菜は飾り気がなく、どこかの庭で草木を眺めているかのようだ。値段は、安くはないけれど、敬遠するほどでもない。いつも買っている店よりも少し高い程度だった。

初めてマルシェで買い物をしたときのようにドキドキしながらいくつか野菜を買って帰った。


パリのマルシェは、地元の生産者が出店して催される〝ファーマーズ・マーケット〟とは違う。

野菜を扱うスタンドは、大きく分けて2種類がある。

ひとつは中央市場で仕入れてきた野菜や果物を売る店。もうひとつは、パリ近郊の小規模生産農家が自分の畑から収穫した野菜を売る店。前者に対して後者が圧倒的に少なく、全くいないマルシェもある。

前者の陳列台には、一年を通じて色とりどりの野菜が並ぶ。冬でも、トマト、ナス、ピーマン、キュウリなどの夏野菜が手に入る。私がマルシェに通いだした当初、野菜を買っていた店はこのタイプだ。中央市場で仕入れてきた野菜は段ボール箱にきれいに詰められていて、大きさもほぼ均一だ。マルシェが終わる夕方頃には、各店舗が残した段ボール箱が山と積まれ、ごみ収集車を待つ。

対して生産者のスタンドは、季節によって色合いが全然違う。並ぶ野菜の種類も少ない。けれど、ひとつの野菜でいくつもの品種を栽培していることが多く、トマトやナス、かぶ、ニンジンなどがそれぞれ4～5種類、もしくはそれ以上が売られている。目に見える色や形状だけでなく、身の質感や風味も違うから、「煮込みたいのだけど……」と聞けば煮崩れしない品種を教えてくれるし、「生のまま食べたい」と伝えれば皮が薄く身の柔らかなものを勧めてくれる。同じ品種だとしても、形も大きさもふぞろいで、たとえばかぶが欲しいと言ったら、「どれくらいの大きさのにする？ これくらい？」とひとつ取り上げて尋ねてくれる。キュウリはひん曲がったものも売っているし、カボチャはハロウィンでなくとも、いろいろな大きさで色も皮質も異なるものが積まれている。そして、野菜類は収穫したときのケースのまま運び、空になったケースはまた持ち帰るので、段ボール箱のごみは出ない。

前日か、その日の朝に収穫したばかりの、ティエボーさんのスタンドに並ぶ野菜やハーブには、土がついているだけではなくて、土の匂いに畑の空気を感じた。

それまで買っていたものとは、手触りも、食べたときのみずみずしさも、味の詰まり具合も、表皮の張りも、何もかもが違った。

そのときから私は、野菜類は、ティエボーさんをはじめパリ郊外で農業を営む生産者のスタンドで買うようになった。

生産者のスタンドから買ってきた野菜の勢いを感じるのは、たっぷりの水にひと時放ち、汚れを落としてザルにあげ、ある程度水切りができたときだ。水を吸い上げてピンピンしている。

ラディッシュは生気を取り戻して、葉に生えている産毛がちくちくと痛いくらいだ。あるとき、パンッと張りのあるキュウリを選ぼうとしたら、「どれも同じときに取ったものなんだから差なんてない。いまは元気がなくなっていても、帰って、水を張ったボウルに放てば、すぐにパリッとするよ」と言われた。冷蔵室で保管されることのないまま、畑から直接運ばれてきた野菜は、水に放てば、萎れていた花がいきなりすっくと立ち上がるように、表皮に張りが出てツヤツヤになる。

ハーブも、大きなボウルかシンクに栓をして水を溜め、じゃばじゃば洗う。土や雑草などが落ちるまで、2~3回水を取り替えて洗い、向きを揃えてザルにあげるようにする。

夏なら、野菜は布巾でくるみ冷蔵庫で保存すれば5~6日は元気だ。冬はカゴに入れて窓の外に置いておく。最近は薄手のコットンの巾着袋がオーガニックのスーパーで売っていて、布巾の代わりに使うようになった。ハーブはまとめてブーケのように新聞紙でくるくるっと包み、やはり同じ要領で保存する。このときに、湿らせたキッチンタオルで、束ねたハーブの根元もしくは切り口を包んでおくと、さらに持ちが良くなる。新聞紙の包みを開けるたびに、ハーブの香りが漂う喜びもついてくる。

ただ、これには手間と時間がかかる。

特に、葉野菜とハーブは洗うのに時間をとる。

だから、忙しいときは下準備の必要がない野菜や果物を中心に買うようにしている。

冬なら、ささっと洗って切るだけでいいかぶの出番が多い。味の違いを楽しみたいからいつも数種類買う。それを2つか4つ切りにしベーコンを加えてオーブンで焼き、クレーム・フレッシュ（濃厚な生クリーム）で和える。あるいは、厚手の鍋にゴロゴロと入れて蒸し焼きにし、焼けたらアンチョビと和えて少しビネガーをかける。

太めのソーセージと一緒に焼くのも好きだ。味付けは粗塩とオリーブオイル、最後にガリガリと胡椒を挽くだけ。鍋に入れて蓋をするだけの、どこまでも手抜きだけれど、かぶの甘みがおいしく3〜4個は楽に食べられる。ボリュームが欲しいときには、これにざくっと大きめに切ったキャベツを加える。ちょっと焦げ目がつくくらいまで焼くのがいい。具は全部食べてしまっても、焼き目のついた空の鍋はそのまま翌朝までとっておいて、鍋肌にこびりついた野菜のエキスをこそげ落としながら、玄米やスペルト小麦のリゾット風をつくる。

甘みと苦味が同居するアンディーブも、フレッシュなものはフルーツかと思うほどにジューシーだ。生産者から買うと土がついたままだけれど、数枚剥けばきれいな状態になる。土のついていないつるんときれいな大ぶりのアンディーブはどこでも売っているが、生産者から買えばまったく別の、新たなおいしさを発見できる野菜のひとつだと思う。これもざくっと切って、生のままブルーチーズとくるみを加えてサラダにしてもいいし、オーブンでとろっとするまで焼いてもおいしい。

大きなカリフラワーが出てきたら、丸ごと厚手の鍋で蒸し焼きにする。これは友人の料理家、渡辺有子さんのストウブ鍋を使ったレシピ本を読んでレパートリーに加わった。自分好みに少しアレンジして、私はケッパーを加え、焼きあがったら、鍋のなかで潰すのが好きだ。大きなフォークの背を使い、粗く潰す。出来立てもおいしいが、翌朝残ったものをタルティーヌ（オープンサンド）にして食べると、油の馴染んだカリフラワーが前日とは別の表情になる。このお楽しみのために、できるだけ残しておきたいくらい。

夏には、トマトの恩恵にあやかる。

ティエボーさんのスタンドに通い出して初めての夏、tomates à cuire（火を通す用のトマト）と書かれた札が目に入った。はじかれた感じの箱の中に、すでに潰れた部分がある熟しきったトマトがあった。彼のトマトは、品種ごとに異なる風味を味わえて、星付きレストランでトマトだけでひと皿のメニューになることもある。それが半額以下の値段になっている。これはいい！　と2キロ買った。

持ち運ぶ間に押し潰されてしまったらしく、家に着いたときには袋の中に汁がたまっていた。すぐにボウルに出し、すでにぐじゅっとしたトマトを一つずつ軽くゆすいで、皮がついたまま半分か4分の1の大きさに切り厚手の鍋に放り込んだ。玉ねぎも何も入れずに、全体の嵩が4分の1から5分の1程度になるまで中弱火で煮込むこと3時間ほど。煮詰まったトマトは、太陽の味がぎゅっと詰まったジャムのようだった。砂糖を入れたわけでもないのに、すこぶる甘い。最後に鍋肌に添わせるようにオリーブオイルを回し入れ、トマトソースと乳化させるように混ぜ合わせる。オイルの旨味が溶け込んで、これがまた興奮するおいしさ。その後、玉ねぎを加えたり、潰しただけのニンニクを入れたりして試した結果、何も入れないのがいちばん気に入っている。たまに気分で、ローリエとローズマリーの葉を入れることはある。

〃火を通す用のトマト〃は生産者のスタンドならたいてい手に入る。店頭に出ていなくても、「トマト・ア・キュイールはありますか?」と聞けば、まだあったかな……? と言いながら隅っこによけておいた欠陥品トマトを探しに行ってくれる。

立ったままお昼を済ませるくらい時間がないときでも、この作り置きトマトソースに茹で卵を崩しながら食べると、そのおいしさに一瞬で、〃私ってセンスあるかもしれない〃とご機嫌になれる。

〃手抜きなのにおいしくて、残り物でまた別のおいしいがやってくる〃ひと皿は、友人たちと家で食事をするときにも用意する。「これ明日の朝もおいしいんだよ~」と一緒に食べながら応用編の食べ方を話すのが楽しく、その一品に合わせて買っておいたパンとともに残りをおみやげに渡せるのも嬉しい。

生産者のスタンドで野菜を買うようになって3年が経ったころ。家の近くのマルシエに、パリから南西に200キロほど離れたトゥーレーヌ地方のりんご農家がスタンドを出すようになった。売っているのはりんごが7〜8種と、洋梨。りんごはそんなに好きではなくて、買うことは稀だった。けれど、使い込まれた木箱がうずたかく積まれている様子に吸い寄せられ、買ってみることにした。品種が書かれた札を見ていくと、馴染みのない名ばかりだ。店主に、食感と味の好みを伝えたら、それに適う2種類と特徴を丁寧に教えてくれた。勧められた2種を買い、帰ってさっそく食べてみた。2つともリクエストした味と食感をぴったり踏まえていて、「このりんごだったら、好きだよ！」と選んでくれたムッシュに伝えに行きたくなるほどだった。

りんごを日常的に食べる習慣なんてまるでなかったのに、次の週も買いに行った。そして、今度は洋梨も買ってみたら、これまで食べてきた洋梨とはまったくの別物だった。木からもいで食べたレーヌ・クロードの衝撃を思い出させたその洋梨は、身は艶やかかつ滑らかで、果汁はさらっとしているけれど味が濃く、飲み込むときにライムのような芳香が上顎から喉に広がり鼻腔に抜けた。9月から春先まで陳列台に並ぶ洋梨は、旬の時季が少しずつずれている4種が順に登場した。香りも身の質感も舌触りも異なって、それぞれのおいしさがあり、毎日洋梨を食べるようになった。

陳列台の端には木箱がいくつか並び、中には少し傷んだところがあったり、熟し切らなかったりんごが入っている。熟し過ぎたトマトと同じように、この店でも格下げ品として売っている。スタンドの真ん中で品種ごとに並べられたりんごは店のスタッフが選び、客は手を触れないのが暗黙の了解だが、木箱のりんごは、自分で選び袋に好きなだけ詰める。やはり正規品の半額で、ジュースにしたり、ジャムにしたりするならこちらで十分。格下げ品と言ったって、ひとつ黒い点ができていたり、持ってみると確かに軽いかも……と感じる程度。日本でも精肉店に行くと〝切り落とし〟が断然気になる私には、この格下げ品コーナーは見逃せない一角で、いくつかの品種を混ぜて煮込みたいときにはこちらから買う。ハチミツと煮込んだものをバターたっぷりのトーストにのせ、バターとりんごの蜜が溶け合ったところを食べる幸せったらない。

この生産者が夏のバカンス明けに、レーヌ・クロードとミラベルを持ってきた。この人がつくったものなら間違いないと、大いなる期待を胸に食べてみたレーヌ・クロードは、かつて木からもいで食べた味にとても近かった。

りんご農家に出会った2008年は、第2次ネオ・ビストロブームが起こった年だ。

２つ星や３つ星レストランを渡り歩いて修行を重ねた若手料理人たちが独立し、自分の家族や友人たちが気軽に来られる店を開きたいと、懐かしい雰囲気のビストロをオープンした。どこに取材に行っても、店で表現したいこととして〝convivial（和気あいあいとした）〟〝intime（気のおけない、くつろいだ）〟という言葉が必ず出てきた。

そんな若手シェフの店で素材の仕入れ先を聞くと、「彼らのこと知ってる？」と必ず出てくる名前があった。中央市場に卸すほどの収穫量がない小規模生産者、特に単一農家による形は揃っていないけれど抜群に味の良い作物を、生産者に代わってパリのレストランに売り歩く若者二人組が現れたという。

リーズナブルな店でありながら、それまでの経験により養われた目で素材を厳選する若手シェフの元を、その二人組は訪ね歩いていた。彼らから買ったという、黒や緑を含む色とりどりのトマトや、歯ごたえのあるマッシュルームは、それだけで一品として成り立つ存在感を備えていた。やがてその二人組は毎週金曜日、10区にある人気ブーランジュリーの前に大型バンを駐めて仕入れた野菜を売るようになり、数年後、パリ２区に店を構えた。おかげで、人気レストランがこぞって使う野菜や果物を、一般の人たちも買えるようになった。

この3〜4年でパリでも、夜10時までスーパーが営業するようになり、スーパーよりは小さくコンビニよりは大きい規模の、ミニ・スーパーが多数オープンしている。まだまだ日曜は閉めている店が多いものの、便利は加速気味だ。

一方で、その逆を行くような、新たな形態で開業する店もある。たとえば、オ・ブ・デュ・シャンという青果店がそうだ。

青果店なのに、営業時間は夕方4時から夜8時まで。

何度、前を通っても、作業している人の姿は見えるのに店は開いておらず、生産者の説明が書かれたウィンドーの張り紙を見ながら、ここは何だろうなあ？　と不思議に思っていた。

あるとき営業していたので中に入り、「やっと開いているタイミングにあたった！」とスタッフに話しかけると、「毎朝、畑に野菜を摘みに行っているから、店を開けるのはどうしても夕方になってしまう」と思わぬ答えが返ってきた。彼らは、パリ近郊の農家数軒と契約しており、朝、自分たちで野菜を摘みに行くらしい。どうりで、店内の野菜がくぐもった色をしているわけだ。殺風景な店内に並ぶ野菜のほとんどが、多かれ少なかれ土を纏っている。契約農家はいずれも家族経営の小規模生産者だという。必ずしもビオ（オーガニック）ではないが、環境に配慮し自然のサイクルに則った栽培をしている生産者たちだ。人気なのか、昨年まではパリ市内と郊外で4店舗だったのが、今年に入り7店舗に増えた。

マルシェが立つ日に買い物へ行く時間が取れない時は、オ・ブ・デュ・シャンに立ち寄る。摘まれて間もない、土のついたままの野菜や果物のパワーをまずは店で手に取りながら感じ、家に帰って、洗いながらまた享受する。

私がいま野菜を買うのは、マルシェに出店している、パリから60キロほど離れたノルマンディー地方の生産者と、パリ郊外、市内から数十キロの地に畑のある農家2軒から。そしてこのオ・ブ・デュ・シャンだ。いずれも小規模農家で、オーガニックは標榜していない。オーガニックであるかどうかよりも、つくり手その人から、もしくは畑から直接届ける人たちから買えること、そこに信頼を寄せる。そして何より、自分が暮らす土地の季節に沿って生まれる農作物を目で楽しみ、手に感じ、舌で味わえることが大きな喜びだ。

都会にいながらにして畑を直に感じる生産物を手に入れられること。そのおかげで自然の摂理を体感できること。

便利さだけに支配されないこの選択肢が生活にあることこそ、私がパリに長く暮らすもっとも大きな理由だと思う。

# 12

# チーズに流れる2つの時間について

チーズが好きだ。

大学時代によく行っていたレストランではゴルゴンゾーラのパスタがお気に入りだったし、たまに入った店でカマンベールのフライをメニューに見つければ喜んで頼んでいた。いまとなってはそれが本物のカマンベールだったかは疑問だけれど、いずれにしろ、チーズも、チーズ味の何かも、好んでいた。


ただ、チーズを食べるのが好きなことと、食事の流れの中にチーズを食べる時間が存在することは、全く別の話だとフランスで暮らしてからひしひしと感じた。


ドレッシング作りから始まったホームステイでの夕食には、毎晩、チーズが出た。

メインを食べ終わると、決まった流れとしてチーズのプレートが登場する。用意されていたのはだいたい5種類。

コンテ、サン・ネクテール、ブリー、トム・ド・サヴォワ、この4つはほぼ欠かさず並び、そこにマンステール、カマンベール、ポン・レヴェック、ルブロション、ラクレット、モルビエ、地元産の山羊乳のチーズであるサント・モールなどが加わった。

ホームステイ初期の頃に、いちばん覚えようとした食材はチーズだったんじゃないかと思うくらい、毎日、私はこれらのチーズの名前を書き出して口の中でぶつぶつと唱えていた。

当時いちばん食べていたのは、コンテとトムだ。

なぜなら、難なく発音できるから。

自分で皿から取り分けてよそうこともあるが、マダムBに「何にする?」と聞かれることも少なくなかった。そのときにまず口から出るのは、発音しやすいこの2つ。

rとlが組み合わさるreblochon(ルブロション)とraclette(ラクレット)は、カタカナ表記にしてしまうとどちらもラ行になってしまうrとlが厄介だ。最初と2番目のどちらがrでlだったかをなかなか覚えられず、発音するのが嫌だったので、しばらくは馴染みの薄いチーズだった。

みんながチーズのお代わりをしなくなり、もう誰も食べないなという空気が流れるとデザートタイムに移行するわけだが、私は、メインを食べたあとに続く、食事の名残を味わうようなチーズの時間がとりわけ好きになった。

チーズの時間は、少し特殊な存在だ。

前菜とメインはみんなが食べるのが前提である。

でもチーズは、おなかの満たされ具合、もしくは気分で、必ずしも食べなくていい。食べたい人だけが、〝もらおうかな〟といただく。〝もう、おなかいっぱいでいらない〟という人は食べない。常にオプション。

おまけにそのオプションは、たいていいくつか選択肢があって、自分で好きなものを選べる。

この〝選ぶ〟という作業が楽しいのだ。

食い意地の張っている証拠かもしれないが、次には、デザートが控えている。それを踏まえての選択。デザートの代わりにチーズを堪能して、食事を終わりにしてもいい。最後のお茶は飲まずに、残りのワインをチーズと満喫するチョイスもある。

もし、食卓を囲む全員が「チーズは食べない」と言ったら、チーズの時間ごとなくなる。

でも、食べるとなれば、チーズの盛られたプレートが自分に回ってくるのを待ち、順番がきたら目の前に置かれたプレートを〝どれにしようかな〟と一瞬見つめ、食べたいものを食べたいポーションで切り、取り分ける。数種類とってもいいし、もちろん1種類だけでも構わない。いったん食べ終えても、もう少し欲しくなったなら、再度、取ればいい。

〝結構、おなかいっぱいだしやめておこうかな〟と思っていたのに、誰かが切り分けたチーズがとてもおいしそうに思え、〝やっぱりひと切れだけ食べる！〟と考えを変更することも許される時間。「いらない」と言っていたのに、人が頼んだものを見て「ちょっと、ちょうだい」と言いたくなるタチには、チーズの時間はワクワクする。

数種類のチーズが盛られたひと皿が、みんなを順に巡るのがまたいい。

中華料理店の円卓を回すのにも通ずる楽しみが、このオプションの時間には潜んでいる。

この時間をいかにおいしい時間として膨らませるか。

それが、最終的に、食事の印象を大きく変える。

誰かの家に招かれ大勢でテーブルを囲む食事では、デザートよりもチーズの時間の方が往々にして長い。デザートはやはり締めの存在で、終わりに向かう空気に包まれる。対してチーズの時間は、残っていたワインをグラスに注ぎ足し、パンも補充され、まだ食事が続いていることを感じる。盛り上げようとするホストなら、ここで新たにワインの栓を抜き、改めて何かが始まる気配さえ漂うだろう。

そのときの人数にもよるが、プレートにはだいたい5〜6種のチーズが盛られている。興味深いのは、家によってセレクトが違うことだ。大半の家で出てくるのはコンテ。だけどそれ以外は実にさまざま。ブルーチーズひとつとっても、ロックフォールを選んでいる家もあればオーベルニュ地方でつくられるフルム・ダンベールのこともある。４００種ほど存在すると言われるフランスのチーズ、自分がいつも選ぶものと重ならなくても不思議はない。友人の家でいつも買い揃えているチーズを見るのは、外で会う時には伺い知ることのないプライベートな一面を垣間見たような気持ちになる。

すでに主役であるはずのメインを食べ終えたあとなのに、〝オ・ラ・ラー〟

とその日いちばんのリアクションをみんなが示すのは、チーズをひと口食べたときの確率が高い。

チーズには、おいしい〝食べごろ〟が存在する。チーズの時間にまず話題となるのは、ひと口食べて感じたその〝食べごろ〟具合だ。「完璧だよ！」「ちょっと強い（＝熟れ過ぎだ）ね」「少し早くに（室温に）出し過ぎたかな」。

フランスの食事は、ワインの〝飲みごろ〟を評するところから始まり、料理を食べ終えたところで、チーズの〝食べごろ〟について話をするのだ。

慣れないうちは、ワインにしてもチーズにしても、よくこれだけ熱心に話せるものだと呆気に取られていた。決して、ひけらかすのではなく、「先週食べたカマンベールが～」とか「こないだ〇〇で買ったコート・デュ・ローヌの赤（ワイン）が～」など日常での体験を語り合うだけなのだが、これがみんな、驚くほど雄弁だ。1本のワインを開けたところから、チーズをひと切れ味わった次の瞬間から、連想ゲームのようにおいしい体験談（時にはおいしくないものも）が次から次へと飛び出してくる。みんなが食の専門家というわけでもない。だからより一層、「食」を純粋に楽しんでいるよなぁと感じる。

この〝食べごろ〟を話すひとときが充実すると、食後感が変わってくる。帰る道々、口の中だけでなく、目も耳も様々なおいしさに満たされた時間の余韻に身を浸すことになる。

私の周りには、おいしいもの好きと料理上手が顔を揃えていて、特に、親しい友人が日本から来て私の家に数日滞在するときには、ここぞとばかりにフランスならではのおいしい食材を用意しておく。普段は3〜4種類を買い置きしているチーズも、友人が来るとなるとさらに2〜3種買い足す。数日間だけの滞在だと、夜は時差ぼけでチーズをゆっくり味わう余裕がないから、朝、ゆったりブランチを取るときに、大皿に出してチーズプレートを楽しむ。

そんな時間を共有する友人が泊まっていた3月のある朝。台所でおしゃべりをしながらサラダにシャルキュトリーに卵料理も用意して、すでに結構なボリュームだった。いつもなら朝は最初からチーズも食卓に並べる。けれどそのときは、「あとにしようか」と冷蔵庫から出していたいくつかをそのままにしてテーブルへ向かおうとした。と、すぐに友人が「じゃあ冷蔵庫に一旦しまうね」と戻してくれようとしたのを、私は慌てて制した。「あ、ううん。出しとく」。そのひと言で、即座に敢えて出しておいたことを理解した友人が「そうなんだ！　日本の感覚だとすぐに冷蔵庫へって思っちゃう」と言った。
そう、チーズは温度が大事だ。
まだまだ寒い朝だったから、食事を用意する段階で冷蔵庫から出しておいたチーズは、ハムやサラダをひとしきり食べておなかが落ち着いた頃に、ちょうどよい温度になっているはずだった。

チーズ専門店で、ブリーやカマンベールのような白カビ系チーズの切り口がぷっくらと膨らみ、とろっとし始めているけれど垂れるまではいかない状態を見ると、思わず買ってしまう。それを家に持ち帰ったら、冷蔵庫へ入れる前にまず包みを開ける。途端に、塩味を纏う発酵食品特有の膨らみある匂いが鼻に抜け、切り口が溶け出さんばかりの熟成具合を改めて確かめ、ひと口。ちょうどよい温度での食べごろの味を逃す手はない。

家の近くに、とても良いフロマージュリー（チーズ専門店）がある。M・O・F（フランス国家最優秀職人）の称号を持つムッシュが店主で、常に5〜6人のスタッフが店頭に立つ活気のある店だ。

チーズ屋の主人＝フロマージェは、食べごろを見極める職人である。チーズを製造しているわけではないが、仕入れてきたチーズをただ売っているだけでもない。仕入れてから売るまでに経る「熟成」の工程を担い、食べごろになったところで商品として売るのが仕事だ。

チーズは発酵食品という性質上、時間をかけて熟成することによって味わいに変化が生じる。たとえば日本でも人気のあるコンテチーズなら、チーズ専門店では〝コンテ・フリュイテ〟〝コンテ・ヴィユ〟の2種類を売っている。フリュイテの方は18～23ヶ月、ヴィユだと30ヶ月以上の熟成を経たものだ。前述の店だと、フリュイテが22か23ヶ月、ヴィユは36ヶ月のものを扱う。熟成期間が長くなるほど値段は高くなり、36ヶ月もので1キロが30ユーロくらい。ひと晩だけ漬けたぬか漬けと数日経った古漬けのごとく、両者の味の違いは明白である。

5月のある日、いつものフロマージュリーへ買い物に行くと、オススメとしてコルシカ島の羊乳のチーズが3種、小さな黒板に記されていた。そのうち2つは同じ種類で、私がとても好きなチーズだ。ただ産地が別だというので、違いを聞くと、味見をさせてくれた。たしかにその2つはだいぶ風味が異なった。

すると、顔なじみの店員さんが、別のお客さんに試食させていたものを私にも差し出した。「メルシ」と受け取ってさっそく口に入れる。これがすこぶるおいしかった。初めて食べたそのチーズはまさに私好みで、思わず笑ってしまったほどだ。興奮を伝えると、スイスのレティヴァアというチーズで、〝これはいまいい具合だねぇ〟と店主が教えてくれた。スイスと聞き、スイスとの国境に近いサヴォワ地方のチーズを思い浮かべながら「私、アボンダンスも好きで……」と言いかけたら「あ〜、いまは買わなくていいよ」と即座に遮られた。容赦ない言い方に「どうして?」と尋ねると「軽いんだなぁ。あれはやっぱり冬のチーズだねぇ」。少し険しい表情に、断じて勧めないことがひしひしと伝わってきた。チーズにも季節がある。それで、新たに出合ったレティヴァアと、コルシカの羊乳チーズを1種買うことにした。

会計の際に、「冷蔵庫から出すのは食べる15分前でいいよ」とムッシュがアドバイスをくれた。「もうだいぶ気温があがってきているから、食事を始めるときに(冷蔵庫から)出すと早過ぎてしまうよ」。やはりチーズは〝食べごろ〟が大事なのだ。

「あれは冬のチーズだねぇ」という言葉が頭に残り、家に帰ってから調べてみた。

レティヴァは5月から10月にかけて生乳でつくるチーズで、5ヶ月〜13ヶ月の熟成期間を経たものらしい。

対してアボンダンスは100日ほどの熟成。ということは5月の時点で出回っているものは、真冬のミルクでつくられたものだ。牛たちは、冬の間は干し草を与えられ、春、夏、秋は牧草地で草を喰む。干し草を餌としている牛のミルクからつくったものだから「軽いねぇ」と店主は言ったのだろう。

草自体を食べ比べたことはないけれど、季節とともに変化する草の状態はミルクの風味に反映する。よって、チーズの味をも左右する。数年前、3月のはじめにシャモニーを訪れた際、まだ辺りに雪の残る山あいの牛舎では、埋もれるほどに積まれた干し草を牛たちが反芻しながら食べていた。私が食べた最高においしかったアボンダンスは、そのとき、牛舎内の熟成室と隣り合わせの直売所で買ったものだ。

あれは、秋の終わりに搾ったミルクで製造されたアボンダンスだったのだな、と思ったら、秋の山の風景を見たくなった。チーズも季節と連動している。

# 13

# バターにも季節がある

春のバターはおいしいのよ～。

そう、私に教えてくれたのは、トゥールで余生を謳歌していた日本人のマダムだった。

「春のミルクでつくるバターは冬のそれとは色も違うのよ」

語られる言葉全体にそこはかとない魅力を感じながらも、バターの色が季節によって変わるだなんて聞いたこともない話に、それが実際どういったことなのかよく理解できなかった。

料理学校に入ると「フランスのお菓子は、発酵バターでつくるからおいしい」と、ことあるごとに耳にした。発酵バターだと仕上がりの風味が違うらしい。けれど、お菓子をつくったときにどんな違いが生まれるのか、そのときの私にはわからなかった。

幼いころ一緒に暮らしていた祖母は、焼き芋を食べるときにはバターをつけていた。冷蔵庫を開けると青い缶に入った北海道産のバターがいつもあり、冷たくて硬いそのバターをバターナイフで削るようにして、焼き芋にのせ、手渡された。温かい焼き芋と冷たいバター、そして、甘みのある焼き芋と塩気の利いたバターという2種のコントラスト、さらにその冷たいバターが口の中で溶けていく一瞬の出来事を逃すまいと、立ったまま食べていた記憶がある。バターが焼き芋の上で溶けてしまってはダメなのだ。バターが冷たいうちに口に入れたくて、文字通り、急いで頬張っていたと思う。

私は、幼少期から〝バターは塗らずにのせて〟味わっていた。冷たいバターを塊で味わうことに関しては、だから筋金入りだ。

一人暮らしを始めると、スーパーで売っているバターを全部試してみた。日本と同じように無塩と有塩があるのだが、有塩バターには、塩が溶けているタイプと、大きな粒の塩がそのまま練りこまれているものがあった。噛んだときに塩の粒が歯にあたるとジャリッとして、これはいかにも焼き芋にぴったりだ。

試しているうちに、フランスのバターはうんと冷たくても、日本のバターのように硬くないことに気づいた。バターナイフで切ろうとしたときに削るような状態にはならないし、切り口がギザギザにもならない。これが発酵バターということなのだろうか。

味はどれもおいしいにはおいしいけれど、似たりよったりに感じられて、もっとおいしいものがあるのではないかと思えた。

それで次は、選り抜きの食材を扱うデパートの食品館に並ぶものを気になる順に食べてみることにした。

売り場に立ちひと通り見渡すと、スーパーに並ぶものよりも若干値段が高めだった。初めて試すときは、いつだって〝ジャケ買い〟だ。ビビッと来るものがないか、パッケージをひとつひとつ見ていく。それにしても、バターを製造しているメーカーはフランス全土に何社あるのだろうかと、その数に目を見張った。面白いことに、有塩バターの種類が無塩よりもだいぶ多い。加える塩にこだわることで、バリエーションが増えるからだ。スタンダードな細かい粒の塩を混ぜ込んだタイプの他に、粗塩入り、そしてフルール・ド・セル（塩の花。塩田で最初に浮かぶもの）を添加したものもあり、それがさらにゲランド、レ島、ノワールムティエと塩の産地にバラエティが見られる。

いくつか買って試したところで、少し削っては舐め、溶けてなくなってはまた削り、そしてひと口……を繰り返すことになるバターがあった。

ノルマンディーのメーカーのものだ。パッケージには beurre cru と表示がある。
beurre cruとは直訳すると生バターの意で、無殺菌乳（クリーム）でつくられるバターのこと。口に含むと感触がほかと異なっていた。ふつうのバターに生クリームを混ぜ込んでいるのだろうかと聞いてみたくなるテクスチャーで、舌の上で溶けながら、バターが伸びるような感覚があった。それからは、デパートの食品館で売っている、そのノルマンディー産の生バターを常用した。

それから数年の間に、私の買い物の仕方は徐々に変化し、食材を各種専門店で買い求めるようになっていた。

そうして7区のチーズ専門店で、やっと、ものすごく自分好みなバターと巡り合う。

チーズ専門店でバターは、チーズで埋まっているショーケースではなく、壁に造り付けられた陳列棚に置かれていることが多い。その店でも、店員さんの後ろ手にある棚にいくつかが並んでいた。

よく見かける高級バター数種の姿を認め、何かひとつ買って帰ろうかと考えていると、その並びにある、お菓子のマルグリット型で抜いたような形の包みが視界に入った。

何だろう？　と目をこらしたが、商品名らしきものは金色の文字で書かれていてよく見えない。

「あのマルグリット型のようなのは、バターですか？」と尋ねると、そうだと言う。

レトロな木製のバターの抜き型を思わせたその形と、バターの水気によるのか少し皺の寄った白い薄紙のパッケージに一気に期待が高まり、買うことにした。

〝La Baratte du Crémier〟とパッケージには商品名が印刷されている。

帰ると冷蔵庫に入れ、少し冷やしてから味見をした。

うぅぅぅん？？　これは……唸るのと上擦るのが同調した声で口ごもった。これは、ものすごく好きかもしれない。こみ上げてきた興奮を抑え、確かめるようにもうひと匙。舌の上で転がしながら溶かしていくと、子供のころにスキー場でお土産に買っていた、白くてころんと丸く外側がざらっとした飴を思い出した。

〝これ、バターミルク飴だ〟

といっても、喉にひっかかるような甘さはもちろんなく、けれども、砂糖は入っていないはずのそのバターにはほのかな甘みがある気がした。そして、舌でしっかり感じるほどに草の味がする。それまでに試してきた、有名レストランがこぞって使いはじめて話題になったバターはどれも、動物性の脂臭さが鼻につき、私は苦手だった。ところが、このバターには私にとって厭味に思えるところがない。クリーミーというよりミルキー。ちょっととろりと伸びる感じがして、すべてが溶けてなくなると、舌で感じていた草の味は立ち上るように喉から鼻に抜けた。

このバターに出合ってからというもの、バターの活用範囲がぐんと広がった。パンに合わせるのはもちろんのこと、ジャガバターにする、オーブンで焼き芋にしたサツマイモにのせる、ホワイトソースをつくる、幼稚園のころから大好きなキャベツのバター炒めを筆頭に野菜を炒めるのに使う、などしていたが、火にかけるとせっかくのバターの伸びるような質感が消えてしまう。それがどうにももったいなく感じられ、和えることにした。香り高いごま油を生かすのに、仕上げに鍋肌から回し入れるのと同じ要領だ。

材料を炒めるのにはじめから鍋にバターを引く場合には、バターはすぐに熱が入って焦げてしまうから、それを回避するために植物性の軽めの油を一緒に引くと良い、と料理学校では習った。それを応用して、最初は少量の植物性の油だけで炒め、最後にバターを加えて全体に行き渡るように絡める。

ちょうど、私の食生活が色々な角度で変化し始めた頃で、精製された白いものを摂ることが減っていた。代わりに、玄米、赤米、黒米、蕎麦、全粒粉パスタ、全粒粉パン、ライ麦パン、ブラウンシュガーなど、茶色いものが日々のラインナップに加わった。豆類も摂ることが増えた。

この茶色いもの全般が、バターとの相性が良かった。白いものだと口の中がなんだかもったりした感じになるのが、茶色の類だときりっとして香ばしさを伴う。なかでも、玄米と蕎麦はヒットだった。玄米を焼きおにぎりにして最後にバターをのせて食べる。塗ってもよいのだけれど、玄米は白米よりも崩れやすいから、私は海苔で巻いてから最後に乗せる。無塩バターのときにはほんの数滴、醤油を垂らす。

蕎麦は、蕎麦粉のクレープがあるのだから麺になってもバターと合うよね、と思ったのだ。できれば、太めの田舎蕎麦がいい。ルッコラかサラダほうれん草、それにチャービルやディルなどのハーブを数種と、くるみやヘーゼルナッツを炒ったものを、あらかじめボウルに合わせ、そこに茹でて水気を切った蕎麦を加え、バターを落として和える。このバターの有塩タイプにはレ島の粗塩がプチプチ入っていて、塩味はそれでたいてい足りるけれど、もし足りなければ、レモンをぎゅっと搾るか、アンチョビやケッパーを足してもいい。おなかがすいている時は、作り置きをした茹でた塩漬け豚があればスライスし、おいしいハムがあったらそれを添える。最後に胡椒をがりがり挽いて出来上がり。熱々が好きな人には向かないかもしれないが、ランチには食べやすくて、私はよくつくる。葉野菜やハーブの代わりに、春の柔らかいキャベツや、ホワイトアスパラにグリーンアスパラも、それぞれ茹でて一緒に和えるのもおいしい。グリーンアスパラは薄くスライス、ホワイトアスパラは縦に細く割くと食べやすい。

秋なら、きのこ。きのこの場合はバターでソテーしたものと蕎麦を和える。私は、爽やかなごぼうのような風味のするパセリの根が好きで、寒くなってマルシェに出てくると根を薄くスライスし、葉は刻んできのこに合わせる。そして、くるみのような木の実のオイルをちょろっと垂らす。これには、ほんの少し醤油を垂らすのもいい。その場合はやや多めに、そして粗めに胡椒を挽く。

温野菜にも、オイルではなくバターを用いるようになった。春の終わりから初夏に移行するほんの数週間、まだ色とりどりの夏野菜が出てくる前に、少し柔らかみのある鮮やかな緑の野菜だけで温サラダがつくれる時季がある。グリーンピース、そら豆、グリーンアスパラ、キャベツ、ブロッコリー。ジャガイモかかぶ、あるいは白いんげん豆など白いものをひとつ足し、茹でた野菜をバターで和える。ハードチーズを数片、大きめに削ってのせることもあるし、茹でた塩漬け豚があるときは、数枚切って添える。


やっと出合えた！　と思えるこのバター「ラ・バラット・デュ・クレミエ」で、〃バターには季節がある〃と感じるようになった。

バターの季節をつくるのは、牧草である。牛の食べる草が春夏秋と季節に従って変化するので、それに伴い牛乳の成分の割合・風味が変わり、最終的にバターの味にも表れる。口に含み溶け出した瞬間に、風味がぱっと口中に広がったり、鼻に立ちのぼったりして、季節の味を感じることがある。

春には本当に、草の匂いがする。草原に寝転がって深く息を吸い込んだような、青々とした味。それが春の野菜と調和する。夏になると脂肪分が増す印象だ。草の風味はありながらも、バターミルク飴を思い起こさせるミルキーさとほのかな甘み、伸びるような質感を舌の上に感じる。そして、秋。私は秋のバターがいちばん好きだ。ナッツのような香ばしさが出てくるように感じ、コクがある。ライ麦粉100パーセントの味のしっかりしたパンや、ねっとりした身の栗カボチャと一緒に食べたい。冬がいちばんさらっとしていると思う。土の香りがする甘みのある根菜を蒸し焼きにするときには、バターを惜しみなく加えて仕上げる。あっさりしているからか、焼いたバターの香ばしさも楽しみたくなる。そういう気分にいちばん合うのは、おそらくりんご。果汁とバターが溶け合うおいしさがたまらないのだ。それに冬のバターは、パスタも、茶色いものよりクラシックな白いタイプに絡めた方が相乗効果が得られる気がする。マントン（イタリア国境近くの町）やシチリアなど産地の旬のレモンを手に入れたら、レモンバターソースのパスタをつくる。このパスタは、寒い季節限定のお楽しみだ。

と、季節によって変わるバターの風味の恩恵を受け、四季それぞれのおいしさを存分に味わえるようになったけれど、〝おいしさの秘密は発酵バターか否か〟の問題は、なぞのままであった。

マイ定番バターを見つけても、知らないパッケージに出合うと買って試してみることは続いていて、そのたびに原材料もチェックするのだが、〝発酵バター〟が何を指すのかはやはりわからなかった。

原材料には、牛乳からとった生（無殺菌）クリーム、もしくは低温殺菌のクリーム、有塩バターの場合には塩とそのパーセンテージ、そして乳酸菌が記載されていることもある。でも、乳酸菌の表記がないバターも案外見かける。おいしいと感じるバターにはすべて乳酸菌が記されているかというと、そうではない。

私の個人的バター活動も20年近くになろうとする頃、日本の乳製品製造者の方と、フランスのバター生産者を訪ねる機会ができた。

話を聞くことができたのは、パリの人気パティシエもよく使っているシャラント・ポワトゥー地方のメーカーだ。クロワッサンのおいしい店に使っているバターを聞くとこのメーカーの名前があがることが多く、私もお菓子をつくるときに何度か使ったことがある。伸びが抜群でパイ生地にはもってこいだった。

フランスのバターは、乳製品業の盛んな地域だと、酪農業協同組合による製品であることが少なくない。訪ねたところはそういう1社で、近代的な機械を取り入れながらも手工業による製造を続けていた。

工場見学では、各工程の説明を聞きながら、同行した日本のメーカーの方も自分の手法を話し、プロ同士ならではのやり取りを交わしつつ歩みを進め、バターチャーン（攪拌機）も見せてもらった。フランスではすでに木製のバターチャーンの使用は法律で禁じられており（特例が認められているところもある）、こちらもステンレス製を使っていた。木製とステンレス製で違いを感じるかなど質問したあと、これだけ大きなチャーンはどれくらいの値段なのか？と同行した人が尋ねると、「これは業者からもらったから、値段はないよ」と茶目っ気たっぷりに言う。なんとも乳製品大国らしい答えに、場が和やかになったところで、発酵バターについても質問した。

日本には〝発酵バター〟という表現があり、バターのパッケージにも記されているけれど、フランスでは見たことがない。〝発酵バター〟という言い回し自体、耳にしたことがない。にもかかわらず、日本では、フランスのバターは発酵バターだと言われている。原材料名として乳酸菌の記載があれば発酵バターということになるのだろうか。そもそも乳酸菌を加えたものが発酵バターということなのか、と疑問を投げかけた。ここのメーカーのバターには、乳酸菌が表示されている。

するど、首を振りながら、

「乳酸菌を加えなくても、バターは自然に発酵する。牛乳にはもともと生きた乳酸菌がいるのだから。どんなバターも発酵しているよ」。

要するに、〝乳酸菌を加えているから発酵バター〟というわけではない、と。長いこと疑問だったことのひとつがクリアになった。

ここのバターは、無殺菌乳か低温殺菌乳を使って製品化されている。当然、無殺菌乳のバターは、低温殺菌乳でつくるバターよりも賞味期限がずっと短い。

興味深いのは、無殺菌乳でつくるバターに乳酸菌を加える理由だ。熟成(この場合、発酵)をコントロールするため、そして生乳にもともと含まれるナチュラルな細菌の働きを抑制するためだという。乳酸菌は発酵を促すために加えるのだと思っていたから、これには驚いた。

このバター生産者を巡る旅のオーガナイズをする段階で、日本でも手に入れることのできる有名バター〝ブール・ボルディエ〟の生みの親、ボルディエ氏に電話をした。すでに彼は引退し、ブール・ボルディエの製造はブルターニュの乳製品業者に一任している。それで残念ながら、製造現場を訪れることは叶わなかったのだが、ただ、ボルディエのバターは、彼が現役当時から自身でつくっていたわけではない。現在の生産者が、以前からずっとバターの製造を請け負っていた。

ではなぜ、ボルディエという名前を冠しているのか。

ボルディエ氏がバター製造において重視したことは、工程の最後に組まれている捏ねる作業〝ワーキング〟だ。フランス語では〝マラクサージュ〟と呼ばれる。もともとは手仕事であり、この過程を担う職人〝マラクスール〟が存在した。しかし工業化が進み、チャーニング（クリームを撹拌しバター粒／固体と液体に分ける作業）からワーキングへのプロセスが、連続式製造機に取って代わられた。19世紀末から続いたマラクサージュの技術は、1975年には、ほぼ消滅しかかっていたらしい。ボルディエ氏は、マラクサージュこそがバターに風味をつけると考えていて、この手仕事を後世に残さなければならない、と自身で取り組むことに決めた。

信頼する製造社に搾乳からバターの形状になるところまでの工程を託し、24時間寝かせたものを受け取る。そして最後、空気を含ませることで滑らかさと風味を発展させるマラクサージュの段階から、自分の店で仕上げる。19世紀のように木製の大きなヘラを使うことはもう実現できないが、同様の効果を得られるマラクサージュ専門の機械を用い、冬と夏のバターでは水分量が違うため作業時間を季節に応じて調整し、完成させる。ボルディエのバターは、クリームを低温殺菌したものながら、乳酸菌は加えられていない。奥行きのある風味を実現している理由のひとつには、この工程によるところが大きいと言う。


つまり、たとえ低温殺菌しても、牛乳に宿るナチュラルな菌は生存し続けているのだ。ただ、その効力を活かすには時間も手間もかかる。

フランスでも現在は、こういった昔ながらの手順でつくるバターは非常に少なく、スーパーではほとんど売っていない。手に入るのは、フロマージュリーか選り抜きの食材を扱うエピスリーだ。

それでも地方に行けば、ラベルも貼っていない、生産者の住所も記載していない、シンプルな紙で包んだだけの農家産バターに出合うことができる。

酪農王国ノルマンディー地方のマルシェでは、乳製品を売る生産者のスタンドに、まっさらな白い紙で包んだカマンベールチーズとバターが並んでいた。以前、滞在したシャンブル・ドットには、週に数度、小さなトラックの荷台にミルクやクリーム、バターを積み、売りに来る農家がいて、朝食に出すバターはその農家から買うと聞いた。それらは、パッケージなどなく量り売りだ。

春に訪れたとき、りんご王国でもあるノルマンディーだし、フレッシュな農家産バターとクリームが手に入る町だからこそ、とタルトタタンを食べたら、バターでキャラメリゼされたりんごも、添えられたクリームもパリでは味わったことのないおいしさだった。胃にまったくもたれず、おなかにたまるのは束の間、すぐに消化して、2日で6回も食べてしまった。

最高においしいチーズ「アボンダンス」に出合ったシャモニーでは、週に2回開催される5店舗だけの小さなマルシェに行った。別荘地の中に立つ山小屋で、現地の生産者がりんごやチーズ、シャルキュトリーを売っていた。そこで版画のようなレトロなパッケージに包まれたバターを見つけ、迷わず購入。早く食べてみたくて、現地に暮らす知人宅でさっそく味見をすると、「たぶんこれ3日くらいしか持たないよ」と驚くことを言われた。塩味がうっすらと感じる程度だったから日持ちはそんなにしないだろうと思っていたが、たった3日とは！　豊かな風味を湛えながら、口の中ですっと溶けてあっという間に消えていく、それは儚いバターだった。あれほど口どけの良い、脂分がさらっとしたバターは他に食べたことがない。まだ寒く、牛たちは干し草を食べている時季だったので、口どけの良さは冬のバターゆえなのかもしれないと思いつつも、ほかにも理由がある気がした。

実際には3日で傷むことはなかったが、日に日に風味は落ちていき、一週間が限度だった。無殺菌乳でつくられる生バターでも、3週間から1ヶ月は持つ。これほど日持ちしないのは、牛乳からクリームをとった段階で、全く熟成（発酵）させていないということだろうか。もしそうなら、大地の風味をよりダイレクトに感じそうだ。高地に生える草を食む春や秋にはどんな風味になるのだろう、と想像した。ノルマンディーのような海沿いの牧草地で育つ牛のミルクからつくるバターともまた、異なる味わいを生むにちがいない。季節のみならず牛が育つ土地の背景も、バターの味は映し出す。

今度は別の季節にあの儚いバターを味わいに、シャモニーの山小屋のマルシェをいつか再び訪れたい。

# 14

# パン屋の存在

フランスで毎日の食卓に欠かせないものと言えば、その筆頭はパン。どの町にもパン屋は必ずある。フランスのパン屋は対面販売だから、人気店の前には、昼どきや夕方の帰宅ラッシュ時になると行列ができる。店から出るや手にしたバゲットをちぎって食べる人、バギーに乗った赤ちゃんに端の硬いところをおしゃぶり代わりに渡すお母さん……バゲット片手に家路を急ぐ人の姿は、フランスの日常を象徴する光景だ。

バカンスのシーズンになると休みを取る店は張り紙を出し、近所で開いている別のパン屋の住所を数軒記す。行きつけの店が休みに入っても、パンはどこかで買うことができる。

日本のように、陳列された中から選んで自分でレジに持って行くのではなく、フランスは注文をして買う形式だ。たいていの人はパン屋に行く前からすでに買うものを決めているようで、自分の番になって迷う人はいない。順番が回ってくると、欲しいパンを伝え、店員さんはテキパキとそれらを用意する。店に滞在する時間は、混んでいなければ1分もかからないことがほとんど。包装はとても簡素だ。個別にビニール袋に入れて口を縛り、ではなく、バゲットならまん中あたりを紙でくるっと包むか、バゲット専用の薄い紙袋に入れるだけ。この袋はバゲットよりだいぶ短いから上部ははみ出すのがふつうだ。小さなパンをいくつか買ったらまとめて紙袋に入れて渡される。

コミュニケーションは、必要なことを伝えるだけでたいてい済んでしまうが、対面販売だからこそ生まれることもある。

ヴォージュ広場にほど近いパン屋を取材していたときのこと。

店内を撮影していると、レジで店員さん相手におしゃべりをしているおばあさんがいた。その様子を眺めていたら、店主が私の横に来て言った。

「あのおばあさんは、毎日2回、日によっては3回来るんです。毎回バゲットを半分買って行きます。すぐ近くに住んでいて、ひとりで暮らしているから話し相手が欲しいんですね。おそらく、会話をするのは僕らだけという日も少なくないと思います」

おばあさんはまだ話し続けていた。女性の店員さんも親しげに相槌を打ちながら、聞いている。そのうちお客さんが2人入ってきて、おばあさんの背後に並んだ。

店主は続ける。

「パン屋というのは、もちろんパンを焼いて売ることが仕事だけれど、あのマダムのようなお年寄りにとって、毎日行く場所があるというのは大きなことだと思うんです。子供さんたちは独立し、遠くで暮らしていてそうしょっちゅう会うことができない。でも、ここに来れば僕らがいる。そして言葉を交わす。地域の人々の日常生活における、そういった存在であることも、パン屋の仕事のひとつなのです」

言い終えると彼はレジの後ろに回り、おばあさんとの会話に少し加わってから、並んでいる客の注文を聞いた。こういうときに、フランス人というのは文句を言わずに黙って待っている。おばあさんは、並んでいた人たちに気づいて、じゃあもう行くわね、というふうに会話を切り上げ、帰って行った。

取材は、相手がインタビューに答える余裕のある、混んでいない時間帯を選んで訪れる。おばあさんも、買い物客が次々にやってくる慌ただしい時間は避けるのだろう。それゆえに遭遇した日常のひとコマ。

もう10年近く前のことだが、この1シーンは色濃く記憶に残っている。

ホームステイをしていたときは朝と夕方の2回、マダムBがパンを買いに行っていたし、パンとパン屋が、フランス人の生活に根付いた存在だということはわかっているつもりでいた。

でも、この店主が発した言葉と、目の前に在った光景は、心のひだにひたひたと沁み込んでいき、自分の浅はかさをぽっかりと浮き立たせた。

当時私は、日本の雑誌に「パンと、パンの友だち」という連載を持っていた。毎月1つ、テーマとなるパンを決め、そのパンに合わせるのはこれ！　という食材を紹介するものだ。テーマを決めたら、どこのブーランジュリーのものにするかをいくつか食べ比べて選び、パンが決まったら、それに合う味の〝友〟を探す。たとえばシンプルに、パン・ブリオッシェ（卵やバターの分量が軽いブリオッシュ）とフォア・グラのパテのこともあったし、ある店の蕎麦粉のパンには鶏のビネガー煮がぴったりで、そういうときには試作を重ねオリジナルのレシピも掲載した。

いつも出来る限り、自分の感じる〝いちばんおいしい〟を見つけてそれを紹介したくて、ひとつのパンにつき5〜6軒食べ比べてみる。クロワッサンやミルクパンなどすぐに食べきれるものなら問題ないのだが、ハード系のある程度大きさのあるパンは1日で食べ終えるものではない。食べるべきパンがいつもあったから、地元のパン屋に通うことができないでいた。

それが、もどかしかった。私は毎度メトロに乗ってどこかまでパンを探しに行き、一度行ったら次に訪れるまでは時間が空いてしまう。〝私のしていることは、点だよなぁ。でもパンのある日常は線のはずなんだよ、本当は〟そう思うことがしばしばあった。

フランスでは一般的に、パン屋は地域に密着した商店だ。

必ず毎日買わないかもしれないけれど、パンは毎日食べるもの。だから、特別なことがない限り、遠くの店にわざわざ買いに行くようなことはしない。

大概のフランス人は、自分の町にある数軒のパン屋からお気に入りを見つけ、そこに買いに行く。

町のパン屋は早朝から夜8時頃まで営業している。夜が明けるよりもだいぶ前に厨房には明かりが灯され、仕事が始まる。5時を過ぎれば換気口から、焼きたてのいい匂いが外に流れ始める。店の奥で製造されたパンは、開店時刻を迎える7時頃には陳列棚やショーケースに並びはじめる。

中には、人気が出て店舗を増やすとアトリエを構え、そこで生地を仕込み、各店舗に配達して焼成の段階から店内で仕上げるケースもあるし、工場でつくる保存料の入った袋詰めのパンもスーパーでは数多く売られている。

でも、どの町角にも、個人経営の、店の奥で製造するパン屋はある。

売っているところでつくられている。つくっている人が店にいて、つくったものを売っている。そういう店が生活圏内にいつも存在し、そこにほぼ毎日、足を運び、手に入れて食べるという行為が、フランスでは当たり前のように繰り返されている。日々の生活に溶け込んでいるこの繰り返しは、フランスの食文化の一つの大きな軸だ。そして、地元のパン屋の存在は生活の基軸になっているのだと、取材中に出会ったあのマダムの姿に改めて感じ入った。

パン屋に毎日のように通う習慣は、基本的に、買うものがバゲットだからである。

フランスの食卓では、長いことバゲットが主流だった。

それがここ数年でパン・スペシオーと呼ばれる、バゲットとは生地も形状も異なった、ライ麦粉をはじめとする小麦以外の粉や種子類を混ぜ込んだパンの種類がずいぶん増えた。10年前なら目玉商品のひとつにもなっていた天然酵母で発酵させるパンは、いまや珍しくなく、すっかり定着している。

パン・スペシオーの需要の高まりは、パン以外の食の傾向と結びついていた。古代種の野菜の広まりや素材そのものに対する意識の高まり、ひいては素材自身の持つ力に着目する流れが生まれ、そのような動きがパンの在り方にも変化を起こすことになる。

そして最近、あらたな動きが出てきた。

パリには、バゲットを売らない店が登場した。看板商品は、大きな塊のパン。麦の持つ力を最大限に活かそうと長時間発酵させ、それゆえ粉の風味をより味わえる大きな塊のパンは、しっかりと焼かれ香ばしい皮には厚みがあり、内部の水分をキープする。直径25～30センチほどの塊を丸ごと買えば、5～6日は持つ。この新しいタイプの店では、これまでパン・スペシオーを買う際に聞かれていた「スライスしますか?」という質問はない。生地はみずみずしく弾力があってスライサーで薄く切るには不向きなのだろう。半分、あるいは4分の1だけでも買うことができるから、フレッシュなうちに食べきりたいなら切ってもらう。大きな天板サイズのパンを置く店もあり、その場合、量り売りが前提だ。

時間をかけて発酵させたパンは、存在感のある重みがあり、麦それぞれの個性ある風味は確立され味わいも豊か、それでいておなかにたまらない。

麦の種類が異なるとパンの味わいは個々全然違って、生産者から直接野菜を買うのと同じ楽しさをこの新スタイルのパン屋さんに感じる。それで私は、いくつかの店に定期的に行くようになった。

こういった店は、従来のブーランジュリーとは、雰囲気が違う。

まず、数種類の大きいパンが棚に並び、バリエーションは少ない。パンは大きく持ちもいいので、毎日買う必要がないから、お客さんの出入りが少なく、流れがゆるりとしている。

切り売りだと、数種あるパンからどれにするか選び、チーズや肉を買う時と同じように、これくらいの厚みでいいかと確認するやり取りを交わし、ＯＫならば切って、重さを計ってもらってようやく値段がわかる。バゲットを買うときよりも店のスタッフとのコミュニケーションは増えるが、後ろに長い列が待っているわけではないから、いたって穏やかな雰囲気だ。

スーパーはセルフサービスのレジが増え、自分でバーコードをスキャンして会計を済ますことがふつうになったけれど、新しいスタイルで登場したパン屋は、むしろ、バゲットが台頭する前の時代、大きな塊のパンが主流だった頃のように量り売りをしている。これは、対面販売でないと成り立たない。

食の選択技がますます多岐にわたる今日において、原点回帰をするかたちで新たな道を切り拓いたかに見える。パンの在り方が変わることでパン屋の在り方も変化し、時の動向に沿いながらパン屋の存在はこれからもきっと、フランスの人々の日常生活の基軸であり続けるのだろう。

# おわりに

「もう、いまの君の身体は、フランスに来てからのもので出来てるってことだよ」

29歳のとき、生まれて初めて虫歯になった。子供の頃の歯科検診はいつも驚く早さで終わり、自分の歯がいつか虫歯になるなんて、心配したことさえなかった。それがある時、沁みたのだ。感じたことのない異変に、もしや……と鏡で見たら、灰色がかっている部分があった。

友人たちから情報をかき集め、その名もドクター・アウディというドイツ人医師の歯科診療所に行くことにした。

診察後、ドクター・アウディに聞かれた。

「君、フランスに来て、5年か6年？」

「6年です」

そう答えると、さもありなんと、彼は続けた。

「身体の細胞は、だいたい6年で全部が入れ替わるんだよ。ふつう29歳まで虫歯がなくて、突然できることはない。女性の場合、妊娠や出産によって歯や髪に影響が出ることはあるけれど……。だから、フランスに来て6年というのは、とても理にかなっている。もう、いまの君の身体は、フランスに来てからのもので出来てるってことだよ。これまでと違う生活になって、その影響が虫歯に現れたのだろう。もし日本でずっと暮らしていたら、君の場合、一生虫歯にはならなかっただろうね」

このときの衝撃は、おそらく一生忘れない。

結局、それきり虫歯にはなっていない。だから、先生の言葉通り、食べるものをはじめ、生活習慣、環境、すべての変化によって「これまでと違う生活」になり、その結果生じた突発的なことだったのだろう。

ただ、人生初の虫歯は、自分の生活を顧みる大きな機会となった。

診療所からの帰り、ゆるやかな坂になっている緑鮮やかな並木道をくだりながら、6年、6年とつぶやくように考えた。

〝この6年で何を食べて来たのか？〟

〝もう私の身体は虫歯ができる体質になったのだろうか？〟

〝いまの生活が6年後の自分をつくるということか〟

とりわけ、いまの生活が6年後の自分をつくる、ということが私の心をとらえた。6年、という具体的な数字が真実味を増して、迫ってきた。


虫歯ができた半年後くらい、30歳になってから、卵巣嚢腫摘出の手術をうけた。

すでに20才のときに子宮内膜症の治療をしていて、それから、婦人科には定期的に検診に訪れていた。半年ぶりの診察で、手術をする必要があると先生に告げられたのだ。

以前から、毎回月経前にひどい痛みとめまいに襲われていたこともあり、食生活で改善できることはないかと、薬膳をはじめいろいろと調べていた。

パリ郊外の生産者から直接野菜を買うようになったのは、体にこうした変調をきたし始めた頃とちょうど重なる。

自分の暮らす地域で季節に生る作物を摂ることで、自然と、冬に体を冷やす夏野菜を食べる状況はなくなった。もともと〝期間限定〟商品に惹かれるタチの私は、プロモーションではなく、ナチュラルに期間限定となる季節の産物が嬉しくて楽しくて、次第にスーパーで買うものは、水と洗剤とティッシュ、それにトイレットペーパーくらいになった。

そんな生活を楽しんでいたら、またしても、体に変化が起こった。

そのひとつは、体に入る主な食べ物がナチュラルなものになったことと比例して、ナチュラルでないものに敏感に反応するようになったことだ。いまの時代、都会の生活には、これは非常に不便だ。なぜなら、ほとんどの出来合いの品で症状が現れるから。ひと口ふた口では問題ないのだが、一定量を超えるとアレルギー反応のようにくしゃみと鼻水が止まらなくなったり、頭痛と耳鳴りが始まったりするようになった。ボイスチェンジャーを通したかのように声が変わることもある。反応は添加物によるのだが、私の経験では、ニューヨーク、ロンドン、パリと比べても、日本の大都市がいちばんダメージを受ける食べ物が多い。逆の見方をすれば、デリバリーや持ち帰りを前提とした惣菜の類で、どこよりも一定の品質を保持する安全策が取られているということだろう。

余談だが、自然派ワインは、私の場合、眠れなくなってしまうことが多い。夜飲むと、ベッドに横たわる頃には、身体の中で何かがものすごく活発に動いているように感じる。どうやら、私の身体はナチュラルな菌が元気に動ける環境にあるみたいだ。

何を選ぶかは自分次第。

ただ、選ぶには選択肢がなければ選べない。

小規模生産農家や、自分でつくったものを売る小売店が、なくならずに存続して欲しいと私は願っている。顔見知りとなったつくり手から聞く畑の風景や、製造の工程など彼らの過ごした時間をエッセンスに素材や食品を手にする嬉しさは、私にとってかけがえのないものだ。

だから、微力ながらも地道に買い続け、そこで得られる喜びを伝えていきたいと思う。

たまたま私は、至らないよなぁ、ちょっと不便だよなぁと感じたことが入り口で、どんどん未知のおいしさを発見していくことになった。

それに伴って起こった変化は、生活習慣、時間の捉え方・使い方、そして自分の身体など、食事や食卓の周りに収まることではなく、生き方そのものに大きな影響を及ぼした。

おいしい発見の波及効果は、まだまだ続いていきそうだ。

本として形にするにあたり、デザインを引き受けてくださった渡部浩美さん、どうもありがとうございました。

もしこの本が、読んでくださったみなさんそれぞれの、自分ならではのおいしい暮らしを実現する何かしらのきっかけになれたなら、とても嬉しいです。

川村明子／食ライター、ジャーナリスト

1998年大学卒業後、渡仏。ル・コルドン・ブルー・パリにて製菓・料理課程を修了後、フランスおよびパリの食にまつわる活動を開始。取材・執筆を中心に、近年は日本のテレビで食をテーマにしたドキュメンタリー番組の企画・構成を手掛け、「伝える人」として出演、インタビューを続けている。
madameFIGARO.jpにて「パリ街歩き、おいしい寄り道。」、朝日新聞デジタル＆wにて「パリの外国ごはん」を連載中。著書に『パリのビストロ手帖』『パリのパン屋さん』（新潮社）、『パリ発 サラダでごはん』（ポプラ社）。日々の活動は、Instagram：@mlleakiko、朝ごはんブログ「mes petits-déjeuners」で随時更新中。

参考文献

『仏英独＝和　洋菓子用語辞典』（白水社）著者：千石玲子 千石禎子 吉田菊次郎
『山本直文 フランス料理用語辞典』（白水社）日仏料理協会 編
『フランス 食の事典（普及版）』（白水社）日仏料理協会 編
『フランス料理仏和辞典』（星雲社）編著：伊東眞澄
『プロのための フランス料理 仏和・和仏辞典』（柴田書店）日仏料理協会編
『LAROUSSE gastronomique』（LAROUSSE）
『Au Four et au Moulin』（EDITION GEROME VILLETTE）Roland Guinet
『L'Aide-Mémoire culinaire par A. ESCOFFIER』（Flammarion/2006復刻版）
『Dictionnaire de Gastronomie Joviale』（2ème édition）Robert-Robert et Gaston Derys

ブックデザイン：渡部浩美
写真：川村明子
校正：円水社

# 日曜日《にちようび》はプーレ・ロティ
## ちょっと不便《ふべん》で豊《ゆた》かなフランスの食《しょく》暮らし

2019年1月11日　初　　版
2019年2月15日　初版第2刷

著者　　川村明子
発行者　小林圭太
発行所　株式会社 CCCメディアハウス
〒141-8205 東京都品川区上大崎3丁目1番1号
電話　販売　03-5436-5721
　　　編集　03-5436-5735
http://books.cccmh.co.jp

印刷・製本　株式会社新藤慶昌堂


ISBN978-4-484-18235-3